内 容 提 要

　　《农产品市场营销与电子商务》适用于从事现代农业生产经营型的职业农民，也可供专业技能型和社会服务型的职业农民选择学习。本教材重点介绍农产品市场营销和农产品电子商务知识及其应用，具体包括农产品市场营销与电子商务基础知识、农产品市场与营销环境、农产品市场调查与定位、农产品营销策略、农产品分类营销、农产品国际营销、农产品电子商务的创办、农产品网络营销、农产品移动电商与营销、农产品电子商务物流10个模块的内容。本书的编写过程做到了理论联系实际，在对理论阐述的同时，更加注重可读性与可操作性，将大量的典型案例引入教材，力求为从事农产品营销和农产品电子商务的人员提供有益指导。

农产品市场营销与电子商务

于学文 杨 欣 张林约 主编

中国农业出版社

图书在版编目（CIP）数据

农产品市场营销与电子商务 / 于文学，杨欣，张林
约主编 . —北京：中国农业出版社，2017.7（2018.9重印）
ISBN 978 - 7 - 109 - 22823 - 8

Ⅰ.①农… Ⅱ.①于… ②杨 ③张… Ⅲ.①农产品
市场-市场营销学-高等学校-教材②农产品-电子商务
-高等学校-教材 Ⅳ.①F762②F724.72

中国版本图书馆 CIP 数据核字（2017）第 052682 号

中国农业出版社出版
（北京市朝阳区麦子店街 18 号楼）
（邮政编码 100125）
责任编辑 王黎黎

北京通州皇家印刷厂印刷 新华书店北京发行所发行
2017 年 7 月第 1 版 2018 年 9 月北京第 7 次印刷

开本：880mm×1230mm 1/32 印张：7.625
字数：220 千字
定价：24.00 元
（凡本版图书出现印刷、装订错误，请向出版社发行部调换）

编 写 人 员

主　编　于学文　杨　欣　张林约
副主编　徐西莹　陈军民　崔海霞
　　　　徐光灿　张松波　张军英
参　编　毕洪丽　朱巧楠　魏利华
　　　　任长青　彭春根

前 言 FOREWORD

新型职业农民是现代农业的从业者，开展新型职业农民培育工作，提高新型职业农民的综合素质、生产技能和经营能力，是加快现代农业发展、保障国家粮食安全、持续增加农民收入、建设社会主义新农村的重要举措。党中央、国务院高度重视农民教育培训工作，提出了"大力培育新型职业农民"的历史任务。实践证明，教育培训是提升农民生产经营水平，提高新型职业农民素质的最直接、最有效的途径，也是培育新型职业农民的关键环节和基础工作。

为贯彻落实中央战略部署，提高农民教育培训质量，同时也为了给各地新型职业农民培育工作提供基础保障——高质量教材，我们按照"科教兴农、人才强农、新型职业农民固农"的战略要求和迫切需要大力培育一批"有文化、懂技术、会经营"的新型职业农民的现状，以做好新型职业农民培育工作、提升教育培训质量和效果为目的，组织一批国内权威专家学者共同编写了一套针对新型职业农民培育规划的教材，供各新型职业农民培育机构开展新型职业农民培训使用。

本套教材按照培训内容分别出版生产经营型、专业技能型和专业服务型三类。定位服务培训、提高农民素质、强调针对性和实用性，在选题上立足现代农业发展，选择国家重点支持、通用性强、覆盖面广、培训需求大的产业、工种和岗位开发教材；在内容上严格以新型职业农民培育规范为编写依据，针对不同类型职业农民的特点和需求，突出从种到收、从生产决策到产品营销全过程所需掌握的农业生产技术和经营管理理念；在体例上打破传统学科知识体系，以农业生产过程为导向构建编写体系，围绕生产过程和生产环节进行编写，实现教学过程与生产过程对接；在形式上采用模块化编写，图文并茂，通俗易懂，利于激发农民学习兴趣，具有较强的可读性。

《农产品市场营销与电子商务》是系列规划教材之一，适用于从事现代农业的生产经营型的职业农民，也可供专业技能型和社会服务型的职业农民选择学习。本教材重点介绍农产品市场营销和农产品电子商务知识及其应用，分别从农产品市场与营销环境、农产品市场调查与定位、农产品营销策略、农产品分类营销、农产品国际营销、农产品电子商务的创办、农产品网络营销、农产品移动电商与营销、农产品电子商务物流等方面进行阐述。本书的编写做到了理论联系实际，在对理论进行阐述的同时，更加注重可读性与可操作性，将大量的典型案例引入教材，力求为从事农产品营销和农产品电子商务的人员提供有益指导。本书既可以作为新型职业农民的培训读本，也可以供有关教学人员和实际工作者参考。

　　本书由于学文、杨欣、张林约担任主编，徐西莹、陈军民、崔海霞、徐光灿、张松波、张军英为副主编。参加编写的人员分工如下：于学文等负责模块一、模块六；毕洪丽等负责模块二；朱巧楠等负责模块八；徐西莹等负责模块三、模块五；杨欣等负责模块四、模块九；魏利华等负责模块十；陈军民等负责模块七。

　　本书编写过程中借鉴了国内外农产品营销学者和农产品电子商务学者的大量研究成果，书中有些数据、案例来自报刊、网络、专业著作和论文，由于时间关系难以一一核对和注明。在此，谨向学界同行、老师及有关作者致谢。

　　由于水平有限，书中难免有不妥之处，敬请广大读者和同行批评指正，以便进一步修订和完善。

编　者

2016 年 8 月

目 录 CONTENTS

前言

模块一 认识农产品市场营销与电子商务 ·············· 1

  任务一 市场营销基础知识 ·············· 2
  任务二 了解农产品市场营销 ·············· 9
  任务三 了解农产品电子商务 ·············· 11
  思考与练习题 ·············· 22

模块二 农产品市场与营销环境 ·············· 23

  任务一 农产品市场概述 ·············· 23
  任务二 农产品市场特点 ·············· 25
  任务三 农产品营销环境 ·············· 26
  任务四 我国农产品市场营销发展现状 ·············· 42
  思考与练习题 ·············· 46

模块三 农产品市场调查与定位 ·············· 48

  任务一 农产品消费者分析 ·············· 48
  任务二 农产品市场调查与预测 ·············· 52
  任务三 农产品市场定位 ·············· 62
  任务四 农产品市场营销计划与战略 ·············· 69
  思考与练习题 ·············· 72

模块四 农产品营销策略 ·············· 73

  任务一 农产品营销的产品策略 ·············· 75

任务二　农产品营销的定价策略 ……………………………… 82

任务三　农产品营销的渠道策略 ……………………………… 85

任务四　农产品营销的促销策略 ……………………………… 91

任务五　农产品绿色营销策略 ………………………………… 95

思考与练习题 …………………………………………………… 99

模块五　农产品分类营销 ……………………………………… 100

任务一　粮油作物产品营销 …………………………………… 100

任务二　园艺产品市场营销 …………………………………… 104

任务三　畜牧产品营销 ………………………………………… 115

任务四　水产品类农产品营销 ………………………………… 122

思考与练习题 …………………………………………………… 126

模块六　农产品国际营销 ……………………………………… 127

任务一　农产品国际市场营销环境 …………………………… 128

任务二　我国农产品国际营销现状 …………………………… 131

任务三　农产品国际目标市场选择 …………………………… 134

任务四　农产品国际市场营销策略 …………………………… 137

思考与练习题 …………………………………………………… 147

模块七　农产品电子商务的创办 ……………………………… 148

任务一　农产品电子商务创办策划 …………………………… 148

任务二　农产品电子商务创办步骤与方法 …………………… 153

任务三　创办农产品电子商务对农民的要求 ………………… 155

任务四　涉农电子商务创业机会选择 ………………………… 160

任务五　创办农产品电子商务的相关政策支持 ……………… 165

思考与练习题 …………………………………………………… 168

模块八　农产品网络营销 ……………………………………… 169

任务一　网络市场和网络消费者 ……………………………… 169

任务二　农产品网络营销渠道 ………………………………… 180

任务三　农产品网络营销策略选择 ……………………… 185

思考与练习题 ………………………………………… 190

模块九　农产品移动电商与营销 …………………… 191

任务一　移动互联网带来的商机 ………………………… 192

任务二　全面认识微信 …………………………………… 195

任务三　移动电商 ……………………………………… 205

任务四　O2O 营销 ……………………………………… 210

思考与练习题 ………………………………………… 214

模块十　农产品电子商务物流 ……………………… 215

任务一　认识电子商务物流 ……………………………… 215

任务二　电子商务下的农产品物流 ……………………… 221

任务三　农产品电子商务物流模式 ……………………… 223

思考与练习题 ………………………………………… 229

参考文献 ……………………………………………… 230

模块一 认识农产品市场营销与电子商务

【引例】辽宁省新民市农民张大民是一个敢于吃螃蟹的人。早在2002年春，"不安分"的张大民就到沈阳市内了解市场，原本想看看农贸市场上啥价格高就种啥，结果无意中当起了包工头，而且一干就是10年。10年间他积累了百万资产，2012年他又在房地产不景气时回到农村继续务农。实际上，当包工头的10年张大民并没有改变初衷，没有放下家里的农田不管，地仍然在种。在城里承包工程的同时也在调查，对市民消费农产品的情况有所了解。

2012年返乡后，张大民建起了养殖规模为500头生猪的养殖场。他对自己的决策信心满满。第一年，他的养殖场养了400多头生猪，生猪市场和猪肉价格还可以。2013年张大民调整思路，开始养殖有机猪。他发现市民直接买有机猪肉的并不多，但到高端酒店吃有机猪肉的却不少。而且既养有机生猪又养普通生猪使人们认为他的有机生猪不纯正，于是他决定不再养殖普通生猪。有机猪肉按照普通猪肉价格的2.5倍向高档酒店、超市销售，但并未如他所愿迅速打开市场，最后不得不把销不出去的15吨有机猪肉以低于普通猪肉的价格卖到了学校食堂。他说如果继续在市场降价卖，肯定比卖到食堂价格高，但那样消费者会认为他的有机猪肉是假的，不值原来的价格。2014年，张大民不敢再扩大有机猪养殖规模。他开始专心研究养好有机生猪和怎样销售有机猪肉。他听说在网络上卖东西不错，就用手机注册了微信，利用微信宣传有机猪肉。他的微信好友达两千多人，但买有机猪肉的不到100人。他举办了中秋节免费品尝有机猪肉促销活动。但有机猪肉销量还是没有快速增加，当年又有10吨猪肉低价卖到了学校食堂。

连续两年开拓市场失利，张大民意识到自己的市场营销方法有问题。原计划在沈阳繁华地带开饭店，以售卖有机猪肉烧制的菜品为特色，但他不敢再贸然行动。他先后到沈阳、抚顺的高校找营销专家教授取经，又参加绿色经济和电子商务论坛会议。经过多方取经，张大民在沈阳市开了有机猪肉专卖店，同时在微信上开了专卖店。在专卖店、微店内以视频和图片的方式不断展示有机生猪养殖的真实场景，介绍养殖方法、有机猪肉的营养价值和猪肉食用安全知识等。同时他启动了有机食品认证程序，并聘请了养殖技术人员。他自己则把更多精力投入到营销和微商运营上。2015 年，在地区猪肉价格走低的形势下，张大民的有机猪肉供不应求，自养殖有机猪以来第一年实现盈利，并弥补了前两年的亏损。

资料来源：编者采集

如今成功的企业都有一个共同特点：真正以顾客为中心，高度重视市场营销。高度发达的互联网遍及人们工作和生活的每一个角落，电子商务成为商务的基本业态，网络营销成为市场营销的重要内容。正如比尔盖茨所说："要么电子商务，要么无商可务。"把市场营销理论和方法与电子商务销售模式结合并运用于农产品销售，必然创造更大的收入，从而实现农业更高的价值。

任务一　市场营销基础知识

在现代市场经济条件下，企业必须按照市场需求组织生产。市场大小取决于对特定商品需要者的数量及其购买能力和购买欲望。人口、购买力、购买欲望是市场的三个要素，缺一不可。如在一个人口众多的国家，人们收入很低，购买力也低，即便有再强的购买欲望，市场容量也不会太大；再如，有很强的购买力，但人口很少，也不能构成很大的市场。

一、市场营销的基本含义

什么是市场营销？许多人认为，市场营销仅仅是销售和广告。

我们每天都受电视广告、销售宣传单、推销电话的轰炸。然而，销售和广告仅仅是市场营销的冰山一角而已。今天的市场营销不再是简单的推销，而是满足顾客需求的活动。概括起来说，营销是指和顾客建立有利可图、充满价值的交换关系，是为了从顾客身上获得利益回报、和顾客建立牢固关系的过程。营销也是企业或个人通过满足顾客需要进而创造顾客价值，最终实现目标的过程。市场营销不同于销售和促销。市场营销包括市场营销研究、市场需求预测、新产品开发、定价、分销、物流、广告、人员推销、促销、售后服务等一系列的经营活动，而销售仅仅是市场营销的一部分。营销的目的在于深刻认识和了解顾客，从而使产品或服务完全适合顾客的需要，形成产品自我销售。海尔集团公司总裁张瑞敏指出："促销只是一种手段，但营销是一种真正的战略。"我们熟知的小米手机，在手机还没有生产出来的时候就展开了营销布局，未等手机上市，就被预约订购一空。这就是营销的力量。

二、市场营销过程

市场营销过程包括 5 个步骤。如图 1-1 所示，前 4 个步骤中，企业努力调查市场了解顾客需求，创造顾客价值，并建立稳固的顾客关系。最后一步企业因创造卓越的顾客价值而得到回报。

本书后面章节将详细介绍市场营销的各个过程。本节先简要说明各个过程。

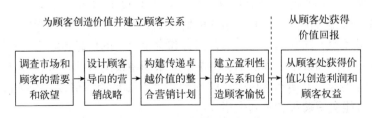

图 1-1 市场营销过程

1. 调查市场和顾客需求 调查市场，了解顾客需求，是市场营销活动的第一步。营销与销售的一大主要区别在于营销先了解顾客的需求，后确定卖什么样的产品。调查市场，了解顾客需求，主要把握好 5 个核心问题：顾客需求、产品、价值、满意、交换与市场。

顾客需求是指顾客需要某产品，也有购买力，并且有购买该产品的意愿。如果顾客想购买某产品，但没有钱，就无法成为顾客需求。调查顾客需求是营销的重要一步，如错误地把顾客的需要当成需求，可能造成产品滞销，从而带来经济损失。

产品是市场营销中满足消费者需要的市场提供物。这里的产品不仅仅局限于有形产品，还包括服务。精明的市场营销者通过精心整合一些服务为顾客创造品牌体验。知名坚果产品"三只松鼠"生产商为顾客提供的不仅仅是高性价比的实物产品，还有顾客的消费体验。每一袋坚果都有两层包装，外包装可装果壳，并赠送开果器。顾客在家中、电影院、商场等不同场合都可以随时方便地食用。

顾客价值是指顾客对拥有或使用某种产品的总利益和总成本进行衡量后的差额价值。顾客不会准确地判断产品价值，他们常常根据自己对价值的理解来进行判断，因此顾客价值也称为感知价值。顾客是否满意取决于消费者所理解的一件产品的消费感受价值与其期望价值进行的比较。如果产品消费感受低于顾客的期望，购买者就不会满意。如果产品的消费感受符合顾客的期望，购买者便会感到满意。如果产品的消费感受超过顾客的期望，购买者就会感到十分惊喜。聪明的企业未来取悦顾客，先对提供的消费感受做出承诺，然后再提供多于其承诺的消费感受。顾客的期望来自于以往的购买经验、朋友的意见以及营销者和竞争对手的信息与承诺。营销者必须仔细设定正确的期望标准。如果期望设定太低，虽然可以满足购买者，但却不能招徕足够的购买者。如果期望值设定得太高，就可能会使购买者感到失望。

市场营销发生在人们决定通过交换来满足需要和欲望的时候。市场营销包括与需要产品、服务、观点或其他事物的目标人群建立和维持合理交换关系的所有活动。其目的不仅仅是吸引新顾客和创造交易，还有留住顾客并使它们与公司的业务不断增长。市场营销者希望通过持续递送卓越的顾客价值来建立牢固的顾客关系。

市场是某种产品的实际购买者和潜在购买者的集合。这些购买者具有共同的需要和欲望，能够通过特定的交换得到满足。市场营销就是为建立有利可图的顾客关系而管理市场。营销人员必须搜寻购买者，确认他们的需要，设计优秀的产品，制定合适的价格，进行促销、储存和递送。顾客调研、产品研发、沟通分销、定价和服务等活动成为了市场营销的核心内容。

2. 设计顾客导向的市场营销战略　充分了解消费者和市场后，要设计市场营销战略。主要从以下几个方面考虑市场营销战略的设计：选择顾客、为顾客提供最好的产品服务。

选择顾客是对市场细分和确定目标市场的过程。并不是顾客越多越好，实际上营销者难以为所有人提供优质的服务，所以会选择那些自己能够服务好并有利可图的顾客。市场营销者必须决定自己希望瞄准哪些顾客以及这些顾客的需求水平、时机和特点。

营销管理应设计出与目标顾客建立有价值的关系的战略。设计和执行市场营销战略，要从生产、产品、推销、市场营销和社会营销5个方面入手。生产营销管理是集中提高生产和分销效率。这种营销导向在一定程度上有效，但因没有考虑满足顾客的需要和建立客户关系，营销效果不具备持续性。产品营销管理是将市场营销战略集中于持续改善产品上，是市场营销战略的重要组成部分，必须与不断改进产品外观设计、包装和定价、分销渠道等营销手段组合应用，才能发挥持续作用。推销是通过大力度的促销说服消费者购买产品，仅适用于保险等少数行业。市场营销管理的关键在于比竞争对手更好地了解目标顾客的需求，并使顾客感到满意。市场营销的观念是从顾客的角度出发，为顾客发现合适的商品，既能提供顾客明确想要的产品，又能引导顾客发现自己需要的产品。社会营销是更高层次的营销理念，营销不仅满足顾客和企业当前的需求，而且也要保护或增强后代满足需求的能力。因而社会营销不仅要满足经济需求，还要考虑社会需求，营销者开始承担一定的社会责任。

比如市场营销者参与环境保护、扶贫开发等公益活动。农夫山泉的"从现在起，每喝一瓶农夫山泉，你就为孩子们的渴望捐出了一分钱"广告语就是典型的社会营销。

【案例】老干妈辣酱可谓家喻户晓，但老干妈系列产品的营销方式和营销理念却鲜为人知。

1994年11月，"贵阳南明陶氏风味食品店"成立，辣椒酱系列产品开始成为这家小店的主营产品。从小店成立开始辣椒酱就供不应求，当地政府和工商部门的干部开始游说老板陶华碧放弃餐馆经营，办厂专门生产辣椒酱，但被陶华碧干脆地拒绝了，理由是很多穷学生每天在她的餐馆吃饭，如果小店关了，那这些穷学生就没地方吃饭了。后来受其照顾的学生都参与到游说"干妈"的行动中，1996年8月，陶华碧办起了辣椒酱加工厂，生产"老干妈"牌辣椒酱。

有一次，公司急需豆豉原料，让重庆的一家豆豉酿造厂赶紧运来了10多吨豆豉；因为是"等米下锅"，检验员收货时也就没仔细看；谁知货下车后才发现外面摆放的豆豉是质量好的，里面的豆豉居然都馊了！如果只顾赶着生产，这批豆豉经过特殊处理后用一用也未尝不可，但陶华碧哪能容忍对顾客有一点儿欺骗？她坚持退货，公司也因缺原料被迫停产两天，造成了莫大的损失。但这件事传开后，陶华碧为顾客真诚负责的精神感动了人们，"老干妈"在市场上的信誉更好了。

"老干妈"的特点是"土"，除了"土"，还是"土"，那就卖"土"，要将"土"卖出水平来！包装"土"，那就挖掘出"土"对消费者的利益点，包装便宜，那就意味着消费者花钱买到的实惠更多，一"份"价钱一"份"货，这可是真材实料的"辣酱"啊，百姓居家过日子不就是图个实惠吗？辣酱又不拿去送礼，自家吃根本用不着考虑好看不好看的问题，味道好就行了。老干妈手举一个辣酱瓶子说：我卖的是味道，不是包装！我的包装只花3毛钱！

资料改编自：http://wenku.baidu.com/link?url=WtD1talOgh3QpaJg7r_FKaIY8XdudesGU9Btw-i2oh_H3CQbbS-6IcCziLI2hD2Ktw q‐VrPAU7SSY5U3X6＿4ta6n8wUtajfzIhDGOXqEcEi

3. 制定市场营销计划和方案　在了解顾客需求和设计完成以顾客为导向的营销战略后，市场营销者将制定整合的市场营销计划，市场营销计划将市场营销战略转化为行动来建立客户关系，这往往要用到市场营销组合，即营销者用于执行市场营销战略的一套营销工具。主要的市场营销组合工具可分为 4 大类，称为市场营销的 4P：产品、定价、渠道和促销。为传递自己的主张，营销者必须首先创造能够满足需要的产品。然后为产品定价，并确定营销渠道。最后面向目标顾客开展促销活动。市场营销者必须综合运用这些市场营销组合工具，制定细致、周到的营销计划，与目标客户沟通，传递营销价值。我们将在后面的章节详细介绍市场营销计划和方案制定和实施。

4. 建立客户关系　前面介绍的市场营销过程前三个步骤都是为建立客户关系服务的。建立客户关系的基础是创造顾客价值和满意，上文对此已有介绍，下面以案例进行说明。

【案例】顾客永远是对的！这句看起来不顾实际情况、片面下结论的话，在营销中却是金科玉律。

旧上海的一家百货公司把 "Customers are always right!"（顾客永远是对的）做成标语放在商场的显眼处，公司员工以此标语为工作准则。经营宗旨是：在商品的花色品种上迎合市场的需要、在售货方式上千方百计地使顾客满意。公司针对顾客需要和提升顾客购物体验实行了一系列的营销管理措施，如送货上门、重薪奖励能"拉"得住顾客的员工、重点客户记账式付款、提升一般客户服务质量等。如此策略的实施，使永安公司成为一家特殊的商店：无论上流社会还是一般市民，只要光顾这里，都能满意而归。整个商场整天挤得水泄不通，生意格外红火。

日本著名的大仓饭店把"顾客永远是正确的"作为一条不成文的信条。大仓饭店的职工受到严格的训练，必须诚心诚意地接受每个顾客的意见和建议，使顾客的要求尽可能得到满足，成为名副其实的"顾客之家"。

启示："顾客永远是正确的"所隐含的意思是"顾客的需要就是企业的奋斗目标"。在处理与顾客的关系时，企业应站在顾客的立场上，想顾客之所想，急顾客之所急，并能虚心接受或听取顾客的意见与建议，对自己的产品或服务提出更高的要求，以便更好地满足顾客的需求。事实上顾客的利益和企业自身的利益是一致的，企业越能满足顾客的利益，就越能拥有顾客，从而能更好地发展自己。

资料改编自：http：//wenku. baidu. com.

在通信高度发达的今天，营销者及其品牌与顾客建立联系的方式具有多样化。互联网使营销得以精准定位和吸引顾客，互联网售前咨询系统和售后服务系统已被各大公司广泛采用。建立客户网络社区和交流群对客户关系非常重要，如国内办公软件提供商金山公司建立了会员社区，通过这个社区甚至可以精准营销。

5. 获得顾客价值　市场营销活动的回报在最后一步得以实现，营销企业获得销售的市场份额及利润等。通过创造卓越的顾客价值，企业创造了高度满意的顾客，他们保持忠诚并重复购买，因此，维护顾客忠诚对企业相当重要。研究表明争取一位新顾客与保留一位老顾客相比，成本要高5倍。失去一个顾客的后果远不止损失一笔订单那么简单，而是意味着失去这位顾客一生中可能会购买的总量。

【案例】莱昂纳多是纽约州一家高盈利连锁超市的老板。他说，每当看到一位生气的顾客，就好像看到5万美元从他的商店飞了出去。为什么这样说呢？他算了这样一笔账：每位顾客一般可以保持消费10年左右，1年按50周计算，平均每周消费约100美元，如此计算失去1位顾客就损失了潜在5万元的收入。不仅如此，如果这位失望的顾客与其他顾客分享他那不愉快的购物体验，商店的损失将会更大。

为了保持顾客的回头率，莱昂纳多商店创造了"店中迪士尼"的经营模式，包括化妆的卡通人物、定时娱乐活动、宠物乐园以及动漫人物。1969年从一家小型日用品商店艰难起步，莱昂纳多商店以惊人的速度发展。它在原店的基础上一再扩张，现在每周能为30万名顾客提供服务。一大群忠诚购买者是商店热情为顾客服务的结果。莱昂纳多奉行以下原则："原则一，在莱昂纳多商店，顾客永远正确；原则二，即使顾客错了，参见第一条！"

资料改编自：http：//www.docin.com/p－1408668393.html&isPay＝1

三、市场营销的新变化

每天，市场中都会发生巨大的变化。市场变化，为其提供服务的人也必须随之改变。

1. 网络、移动和社会媒体营销　消费者对数字和移动技术的热爱与追逐为营销者吸引顾客提供了大好条件。几乎所有的公司都在运用多个网站、新颖的博客和微博主页、广告、视频、电子邮件以及智能手机软件来影响消费者，解决消费者的问题，帮助他们购物。

2. 经济环境快速变化　2008—2009年美国经济遭遇次债危机，导致经济大衰退，波及全球，中国难免受到冲击。2014年以来，中国经济发展进入新常态。这都对消费者的消费行为产生了一定的影响，消费者重新思考购买重点。为适应快速变化的经济环境，各行各业的企业都调整了自己的营销战略。

3. 迅速全球化　今天几乎所有的公司都以不同的方式参与全球竞争。买全球、卖全球被消费者广泛接受。在模块六，我们将专门介绍农产品的国际营销。

4. 可持续营销　市场营销者正重新审视他们的社会责任。随着世界范围内消费者主权运动和环保主义运动的兴起，今天的市场营销者被要求要开展可持续营销。如今的顾客希望企业以具有社会和环境责任的方式传递价值。

任务二　了解农产品市场营销

一、农产品市场营销的含义和特点

1. 农产品市场营销的含义　在上一节我们介绍了市场营销的相关知识，与一般的市场营销相似，农产品市场营销是指农产品生产和经营的个人和组织在农产品从农户到消费者的流程中，实现个人和社会需求目标的各种农产品创造和农产品交易的一系列活动。农产品生产经营者不仅要调查掌握人们当前的需求，还应该分析人们对农产品的潜在需求，并能帮助人们发现需求和创造需求。

2. 农产品市场营销的特点　农产品与工业品在自然属性以及市场表现等方面都不一样，这就决定了农产品市场营销活动有其自身特点。

（1）农产品生产的生物性、自然性。农产品大多是生物性自然产品，如蔬菜、水果、鲜肉、牛奶、花卉等，具有鲜活性、易腐性，并容易失去其鲜活性。例如，花卉的鲜活性仅有几天。农产品一旦失去其鲜活性，其价值就会大打折扣，这给农产品市场营销带来了极大挑战。

（2）农产品供给有很强的季节性。农产品在供给时间上具有季节性且生产周期长。在东北地区粮食作物1年只能收获1次，在华北地区1年收获两次，在南方1年最多收获3次。大田农作物收获期集中，上市时间也集中。随着农业科技的发展，农作物生长周期缩短，改变了农产品上市时间，出现了反季农产品，但农产品供给的季节性仍是其主要特点。

（3）农产品需求的大量性、连续性、多样性。对农副产品的需求是人类对衣、食等最基本的需求，而且这种需求是长期连续存在的。不同的人对不同的农产品需求也不同，人们对营养需求要全面均衡，因而对农产品需求是多样的。

（4）政府宏观政策调控的特殊性。农业是国民经济的基础，农产品是有关国计民生的重要产品，农业生产抵御风险能力弱，因而政府采取了特殊政策来扶持和调节农业生产经营。

二、农产品市场营销的功能

农产品市场营销作为一种活动，有如下4项基本功能。

1. 发现和了解消费者的需求　现代市场营销观念强调市场营销应以消费者为中心，农产品生产和经营者只有通过满足消费者的需求，才可能实现企业的目标，因此，发现和了解消费者的需求是农产品营销的首要功能。

2. 指导企业决策 农产品生产经营者的决策正确与否是企业成败的关键，要谋得生存和发展，很重要的是做好经营决策。经营者应通过市场营销活动，分析外部环境的动向，了解消费者的需求和欲望，了解竞争者的现状和发展趋势，结合自身的资源条件，指导农业企业和合作社在产品、定价、分销、促销和服务等方面做出相应的、科学的决策。

3. 开拓市场 农产品营销活动的另一个功能就是通过对消费者现有需求和潜在需求的调查、了解与分析，充分把握和捕捉市场机会、积极开发产品、建立更多的分销渠道及采用更多的促销形式来开拓市场、增加销量。

4. 满足消费者的需要 满足消费者的需求与欲望是农产品市场营销的出发点和中心，也是市场营销的基本功能。企业通过市场营销活动，从消费者的需求出发，并根据不同目标市场的顾客，采取不同的市场营销策略，合理地组织农业企业和合作社的人力、财力、物力等资源，为消费者提供适销对路的农产品，搞好销售后的各种服务，让消费者满意。

任务三 了解农产品电子商务

随着互联网的普及与商业化运营，电子商务在各个领域蓬勃发展起来。信息技术、网络技术以及电子商务这种新型商务模式的应用，也给我国农产品流通注入了新的生机和活力。互联网为农产品市场营销提供了新的阵地，为农产品商务发展提供了全新的发展模式。信息化和电子商务是我国在农产品流通领域以及农业国际化进程中提高企业运营效率、加大市场竞争力的必由之路。

一、农产品电子商务的含义

农产品电子商务是指将农产品生产、销售、管理等环节全面导入电子商务系统，利用信息技术进行供求、价格等信息的发布与收集，并以网络为媒介，依托农产品生产基地与物流配送系统，使农产品的交易与货币支付迅捷、安全地得以实现。完善的农产品电子商务过程是利用先进的信息技术来改善和转变农产品商务活动的途径，包含农产品电子商务信息流（农业相关资讯、供求信息、市场行情等）、农产品电子商务物流（农产品的网络销售渠道、农产品储存及配送体系等）、农产品电子商务资金流（电子合同、农产品买卖交易资金的电子支付等），涵盖农产品从种植、收获、加工到消费者手中的全部过程。农产品电子商务的参与者包括农民、农业合作组织、农业相关企业、经销商、消费者、物流配送机构、金融资金结算机构以及认证机构和政府部门等。

农产品电子商务交易的对象是农产品，包括种植业、畜牧业、林业、渔业以及农业服务业部门生产的产品及其初级加工产品。开展农产品电子商务就要在农产品生产与流通。过程中引入电子商务系统，例如在生产之前，需要利用信息设备搜集最新的需求信息，了解市场动态与趋势，利用市场信息进行生产决策，以保证生产出来的产品能够找到市场；在生产的过程中，要及时了解影响农产品生产的各种信息，用以指导生产过程，还要考虑到生产的标准化问题；在交易过程中，买卖双方可以通过电子商务平台进行咨询洽谈，签订电子合同，还可以通过网络进行支付结算；在产品运输过程中，利用电子商务物流系统来监控整个运输过程。在农业部门应用信息手段开展农产品电子商务，实际上是将现代信息技术、网络技术等与传统农产品生产贸易结合起来，以提高效率、节约成本、扩大农产品的市场范围、改善农业价值链、提高农产品的竞争力。

二、农产品电子商务的作用

1. 减少流通环节，降低流通成本　传统农产品流通供应链较长，环节过多，导致农产品在储运、加工和销售环节中的成本过高，利益被中间环节截留，农民增产不增收。通过电子商务平台，生产者直接和消费者交流，减少了中间环节，大大降低了农户广告宣传、信息搜寻、贸易洽谈等成本费用，能准确了解市场需求，生产出适销、适量的农产品，避免因过剩而导致超额的运输、储藏、加工及损耗成本。

2. 降低生产和交易风险，增加农民收入 农民在市场交易中处于弱势，既面临自然风险又面临巨大的市场风险。农产品电子商务把农民、供应商以及批发商零售终端、客户联结起来，实现对农产品物流各个环节的实时跟踪、有效控制和全程管理，从而达到资源共享、信息共用。能避免因信息不灵而导致的农产品结构性、季节性和区域性过剩。

3. 促进产业结构调整，提高农产品竞争力 网上交易公开、公平、透明，成交价格真实地反映了市场中的供求状况，以此引导广大农户科学安排生产，以销订产，减少了生产的盲目性。同时生产监管机构、检疫机构、市场监管机构可以通过信息平台对农产品的生产加工、市场准入、质量安全直接监管。消费者可以查询购买农产品的质量安全情况，追溯产地，保证消费者权益，有利于农产品品牌的创建和保护。

4. 扩大农产品市场，加快农产品流通 传统农产品交易以批发市场和集市贸易为主，网上交易平台的建立突破了时间和空间的限制，使交易主体多元化。网络的无界性决定了只要有网络就可能存在农产品的需求市场。农户以及农产品企业可以迅速找到合适的贸易伙伴，加快农产品流通。

【案例】网络营销是随着电子商务发展而兴起的一种新的营销模式。网络营销和电子商务有效扩大了农产品市场，并使农产品流通更加快速高效。

1. 微信直销草鸡蛋 线上交易线下送达

尤达原本是一个办公室文员，当他发现城里人都愿意在网上订购各种商品时，萌生了回乡创业的想法。说干就干，2013年他辞职回到老家，承包了一片山地，开始了散养鸡创业。此前，村里的养殖户是通过经纪人销售鸡蛋，经纪人再通过合作社销售给消费者。尤达一方面用老渠道销售，一方面开发了微信、微博直销的新渠道。

通过线上直销，尤达的微信、微博加了很多好友。在线展示养殖场、饲养过程，吸引了不少市民线上订购。尤达收到订单后直接配送上门。目前已经积累了2 000多名稳定客户。

尤达卖的鸡蛋定价1.5元1个，线上交易仅9个月就卖了3万只鸡蛋，实现了他给自己定的目标。

2."水果哥"凭借微信月入4万

许熠是一名在校大学生，他从给女友送早餐得到启发：全校有女生6 000多名，而女生几乎每天都要吃水果，如果按每个女生1个月50元的水果消费来估算，微信卖水果大有赚头。

和很多的创业者一样，许熠的"优鲜果妮"起初生意并不好做，常常等上1天才有1笔几元的订单。为提微店高知名度，许熠和他的同学采用"扫楼"的方式来增加好友，将印制的市场宣传单、广告册发到学校的教学楼、食堂、宿舍楼；利用课间10分钟在各个教室播放"优鲜果妮"宣传短片⋯⋯3个月时间的"扫楼"，使优鲜果妮关注人数达到4 920人。针对学生群体的需求特点，许熠经常推出个性产品，各类水果组成的"考研套餐""情侣套餐""土豪套餐"频频吸引同学眼球，此外，许熠的公众平台还会不时推送天气预报或失物招领信息等来吸引粉丝。仅3个月时间，"水果哥"许熠的微店月销售收入已达4万元。

资料改编自：http：//www.hiweixin.com.cn/contents/84/2321.html

三、国外农产品电子商务发展概况

农产品电子商务发展至今已有40年历史，经历了从20世纪70年代使用电话为交流工具的初级电子商务时期，90年代利用计算机进行网上交易的阶段，最后到了21世纪使用卫星技术、互联网等电子网络进行的电子商务贸易，这是电子商务发展的最高阶段。目前，发达国家由于电子商务和农业信息技术的普及，农产品电子商务模式发展很快。

1. 美国　美国作为信息化程度最高的国家之一，最早开展了农产品电子商务，同时也一直是该领域的领头羊，其中互联网在此过程中扮演了重要角色。目前，美国的大型农产品网站超过 400 个，除了这些专业的网络公司，美国的特大农产品企业也都在发展自己的农产品电子商务。进入 21 世纪以来美国农产品电子商务的基础稳步提升，随着光缆、卫星和无线上网等方式的普及，农户使用计算机和互联网的程度也逐步提高。其中使用计算机开展业务的农场比例由 2001 年的 29% 提升到了 2011 年的 37%，因特网的使用比例由 43% 提升到了 62%。除了信息技术建设的不断完善，美国还有着世界上最大的农产品期货交易所——芝加哥期货交易所。这里提供着农产品贸易中最权威的价格，交易双方可以从这里获取市场行情等信息，并通过期货市场规避价格风险，促进了农产品电子商务的发展。

2. 英国　英国农产品电子商务化程度也很高。1966 年建立的 FarmingOnline 是第一个提供农产品互联网服务的电子市场，其后各种农产品网站相继诞生。建立于 2000 年的 Farmer's Market 是英国第一个农产品电子商务网站。根据英国环境食品和农村事务部公布的数据显示，在农户使用方面：2012 年 86% 的农场加入了该网站，比 2008 年的 74% 增加了 12%；2012 年大农场的电脑联网率达到了 98%；在农场业务方面：2012 年英国现有农业企业中有 90% 的农业企业会在农场使用计算机参与到电子商务业务中来。尽管英国在农产品专业化和一体化服务方面与美国还有一定的差距，但其立足于欧洲的一些 B2B 网站也打造出了很好的品牌效应，人气很旺。

3. 日本　日本近年来在农产品电子商务领域发展很快。日本的农产品电子商务形式主要有以下几种。

（1）农产品批发市场电子商务模式。使用现代化电子设备进行拍卖交易，买卖双方将结算业务委托第三方处理，农产品多按既有商品规格标准进行包装交易。

（2）含有农产品销售的网上交易市场。这种形式的特点是用户广泛、销售方式灵活。

（3）含有农产品销售的网上超市。这种形式近期发展很快，分为实体店铺和虚拟网上店铺。

（4）农产品电子交易所。通过交易所的形式使农产品信息公开、价格比较稳定，同时拍卖的形式不但节约了成本也提高了交易效率。日本政府于1997年制定了生鲜食品电子交易标准，包括生产资料的订货、发货、结算等标准，并对日本各地的批发市场进行了电子化交易的改造。这样交易双方只需掌握农产品的规格和数量就能全面了解农产品的信息，节约了交易成本。

4. 其他发达国家　除美国、英国、日本外，农产品电子商务的研究与发展在其他发达国家也得到了各方面的重视。加拿大通过使用计算机网络、3S技术（即遥感技术、全球定位系统和地理信息系统）等现代信息技术来健全农业信息体系，同时设立了农业信息服务中心，无偿向农产品生产者、销售商提供农业法规、经营管理及农产品供求趋势等信息服务。世界第三大农产品出口国荷兰，凭借全国统一的农产品标准和发达的农产品物流体系，在农产品电子商务方面开展农产品电子拍卖。韩国在发展农产品电子商务方面积极培训农民使用网络，减少了交易成本，提高了农产品流通速度。

四、我国农产品电子商务发展历程

20世纪90年代中期，我国农产品电子商务网站日益发展起来。政府与众多企业都注意到电商是最后一块尚未开发的领域。目前，全国涉农网站已经超过了3万家，其中，涉及农产品电子商务的网站占很大比重。国内30多个省级政府都建立了本地的农业信息网，从农业部到各个基层也大都开通了农产品"网上展厅"，使用多种文字展示各地名优特新产品。商务部于2006年启动了农村商务信息服务，开通了新农村商务网，以公共服务的形式为广大农民提供了农产品流通的相关信息，同时免费为农民发布产品销售信息，为销售双方提供信息对接服务。新农村商务网自开通以来，累计访问量已超过 40 亿人次，发出新闻、市场等多类信息 1 200 多万条，累计促进农产品销售 1 600 多万吨，解答农民在农产品流通方面的各类问题 9 万余人次。我国农产品电子商务的发展大致经历了 4 个阶段：

第一阶段：1995—2005 年，起步阶段。1995 年 12 月，郑州商品交易所集诚现货网开始在网上售卖粮食，2000 年，中华粮网（更名）成立，2005 年 10 月中粮网站又开始进行中央储备粮的销售。1999 年，全国棉花交易市场成立，G2C 模式正式在我国市场上线，政府委托电商平台通过竞卖交易方式累计采购和抛售国家政策性棉花近 2 000 万吨，成交金额近 4 000 亿元。

第二阶段：2005—2012 年，快速发展阶段。在这一阶段，出现了专门针对小众市场的各类生鲜产品销售的电商企业，这段时期，由于国内频发食品安全事件，导致消费者更加注重食品的品质和安全，这类电商也如雨后春笋般涌现。但大量商家的进入，导致过快被饱和，许多电商都是照搬其他同行的模式，缺乏创新意识和突破，最终很多企业倒闭。

第三阶段：2012—2013 年，"大洗牌"阶段。当时刚成立 1 年的生鲜电商"本来生活"凭"褚橙进京""京城荔枝大战"两大事件红极一时，使得生鲜电商再度引起人们热议。移动互联网的发展也让生鲜电商们探索不同的经营模式，出现了许多手机终端电商平台。但同时，生鲜电子商务的竞争也愈发激烈，2013 年初北京"优菜网"破产转让、上海"天鲜配"被下线等。

第四阶段：2013 年至今，创新发展阶段。以顺丰优选、1 号生鲜、本来生活、沱沱工社、美味七七、甫田、菜管家等为代表的生鲜商家，都获得了强大的资金注入，而且每个企业都有各自的行业资源优势。在这期间，B2C，C2C，C2B，O2O 等各种模式竞相推出，越来越多的网络工具，如宽带电信网、数字电视网、云计算、大数据及 2013 年微博、微信等为各商家提供了更多的选择工具。

五、我国农产品电子商务发展特点

1. 农产品电子商务由发展初期进入快速成长期　目前我国已经形成了由政府涉农网站（如农业部网站、商务部网站、供销合作社网站）、期货网上交易平台、大型网上交易平台、网络批发交易市场平台、实体交易市场网络平台、零售网站构成的多层次的电子商务网络体系。据统计，截至 2013 年，我国涉农电子商务平台达 3.1 万家，其中农产品电子商务平台已达 3 000 家。自 2010 年至今，阿里平台农产品销售额的增长迅速，从 2010 年的 37 亿元左右，达到 2014 年的 483 亿。京东将加快农产品电商步伐，我买网、1 号店、顺丰优选、龙宝溯源网等都将加快发展速度，涉外电子商务也将成为新亮点。

经营形式逐渐成熟。企业 B2B 电商平台、B2C 电商平台等纷纷推出相应的集成交易模式业务，农产品自营电商纷纷开放平台业务，农产品自营物流配送模式、第三方物流配送模式、联盟物流配送模式、"O-S-O"物流模式、物流一体化模式、第四方物流模式等多种物流模式快速发展。广西糖网物流金融模式、江苏莱芜农产品储销集成模式已成为农产品大宗电商未来发展的趋势。涉外农产品电子商务将得到进一步发展，据美国食品工业协会预测，到 2018 年，中国将成为全球最大的进口食品消费国，届时中国内地进口食品市场规模将高达 4 800 亿元人民币。农产品食品安全溯源机制将更加完善，农产品电子商务特别是生鲜农产品电子商务必须注重食品安全溯源，如有机食品、无公害食品、绿色食品、中国地理标志产品等，都必须具备食品安全及其可追溯的性质，否则就不可能长期生存和发展。

2. 农产品电子商务进入融资高峰期，主流模式异彩纷呈　据统计，本来生活、美味七七、京东、我买网、宅急送、阿里巴巴、收货宝、青年菜君等先后获得了大量的风险投资和私募股权投资，而且这些融资大都注入农产品电子商务领域。

（1）青年菜君。以半成品生鲜电商特色获千万元融资，提出

"顾客头天网上下单，次日地铁口自提"模式。

（2）电子菜箱。这是"电商＋冷链快递物流＋智能终端取货"模式。2012年电子菜箱在湖北武汉开始流行，上午在网上点击鼠标选好菜，在线支付后，下午就可以在家门口的菜箱里取菜，菜价比超市便宜20%。这种无人交付式的电子菜箱蔬菜直销零售方式，目前已经进入武汉市240多个小区，每天为3 000多个家庭提供生鲜配送。

（3）智能菜柜。以B2C电子商务平台为载体构建网上超级生鲜市场，是"产地直供＋电子商务＋智能货柜"模式，如：江苏扬州智能菜柜，通过物联网技术实现"产销直达""农宅对接"，在社区免费安装智能菜柜，市民只需轻点鼠标或一个电话就能收到干净优质的生鲜农产品。

（4）中国地理标志产品商城。该商城是国内首家销售国家认证（注册审定）的地理标志产品的网上商城。商城面向地理标志产品生产经营者和终端消费者，提供线上销售服务，同时还建成了国内首个地理标志文化博物馆。

（5）中国首家农产品食品安全网站。龙宝溯源商城2012年上线试运营，为食品商家提供安全食品展示和交易平台。该商城主要采取3种模式：一是商品授权销售服务；二是店铺授权运营；三是商家开店自营。产地＋平台＋消费者，实际是B2B2C模式，电商平台与农村合作组织（或其他经济组织）形成合作关系，将农产品销售给消费者或用户。如京东商城、沱沱工社、1号店、我买网、顺丰优选、本来生活、菜管家、优菜网、全农汇等。

（6）平台＋自营＋直销。农民在淘宝网上建网店，销售自己生产的农副土特产品，即产销直接对接。但是，产销直接见面还需要中间物流和配送服务商，或者其他服务商。

（7）跨境生鲜电商。近几年来，许多电商探索生鲜农产品跨境电子商务模式，如1号店、顺丰快递、亚马逊、我买网等开展了一些生鲜跨境交易的探索。2013年1号店已引进了全球近70个国家的两万种商品，进口量非常大。以进口食品为例，1号店售出的进口食品数高达 2.5 亿元，到 2013 年 11 月，1 号店进口牛奶的销售量已经占全国海关进口总额的 37.2%。

（8）"36524"四网合一。河北国大集团"36524"即由实体店铺网、互联网、电话网、人力营销网等四网并行的混合体。"36524"不仅是国家级注册商标品牌，而且是可以为无数消费者提供油盐酱醋，囊括 6 大类 30 多种服务的家庭生活 O2O 模式。

（9）"6 网联动"。"6 网联动"，即公司官网分别在天猫上开旗舰店，在淘宝网、京东商城、1 号店上开网店，网下有实体店面。如湖南怡清源茶业有限公司拥有安化黑茶惟一中国驰名商标，是集茶叶科研、茶园基地建设、茶叶生产加工销售、茶文化传播于一体的大型农产品流通企业，该公司就采用了 6 网联动模式。

（10）淘宝网上网下联动。在网上，淘宝网平台开设了许多地方特色农产品馆，如遂昌馆、高淳馆、芜湖馆。在网下，淘宝网推广县域农产品电子商务集群模式，如江苏睢宁的沙集模式、福建南安的世纪之村模式、浙江义乌模式等，形成了 20 个淘宝村。同时还有网上与网下联动模式，如"政府＋农户＋合作社＋网店协会＋淘宝网"模式。

（11）我买网双品牌运营。我买网是中粮集团旗下网站，该网站重视中粮集团品牌效应，在网站首页采取了"双品牌运营"模式，即中粮品牌、我买网品牌两个品牌同时运营，在网络平台上形成了双品牌运营的 B2B2C 供应链模式效果。

3. 总体上看，我国农产品电子商务业务呈现 3 个层次的特点

（1）初级层次。主要是为农产品交易提供网络信息服务。如一些企业建立的农产品网上黄页，在网络平台上发布企业信息和产品信息。大型农业集团建立的超大现代农业网。小企业或个体农户则依托各类农产品信息网发布信息。

（2）中级层次。一些网站不仅提供农产品的供求信息，还提供网上竞标、网上竞拍、委托买卖等在线交易形式，交易会员可以直接在网上与自己需要的产品供求方洽谈，但尚未实现交易资金的网上支付。资金的支付还是依靠传统的邮局或银行实现。

（3）高级层次。高级层次的农产品电子商务不仅实现农产品电子商情的网上发布和农产品在线交易，还实现了交易货款的网上支付，是完全意义上的电子商务。

六、目前农民进行农产品电子商务面临的挑战

随着农村网络化水平的逐步提高，未来将有越来越多的农民意识到互联网带来的发展机遇。但是现在农产品电子商务和农业在线交易情况却不容乐观，农民在农产品买卖过程中，依然对电商形式如何应用充满疑惑，依然对电商的各种手段面临选择性难题，为什么出现这种情况？农民从事电商经营需要关注以下问题。

1. 农民身上担负的角色太多，从事电商力不从心　在农产品生产的过程中，农民担当了生产技术员的角色；在销售过程中，他们担当了销售员的角色；在电子商务过程中，他们又担当了电子商务专员的角色。

2. 电子商务移动性有待完善　不可能让电脑绑架农民，他们没那么多时间上网，从当前的电子商务发展情况看，电脑依然是最重要的电商设备终端，移动电商在农业类的应用凤毛麟角。农民由于生产和销售的需要，需要在移动中解决一些问题，比如产品的网络发布，农产品在线交易的操作，这些都可以在手机端实现。现在也有一些公司进行了尝试，通过手机终端，实现农产品的发布、交易和推广销售。后期通过技术内容和专家内容的引进，让农民通过手机就能解决当前的农产品电子商务难题。

3. 农产品营销的手段和方法相对较少，直接制约了农产品的推广和市场稳定性，急需建立农产品网络渠道服务。农产品市场为什么出现过山车一样的变化，是需求出现了大的波动吗？不是，更关键的是价格波动，价格的波动跟产量的波动有一定关系。信息不通畅，农民在生产端更多的依赖有限的信息渠道，现在很多政府都在打通信息渠道，效果不错，需要推广开来，更要市场化，强调一手资料。做好了这一环，才能让信息和产品以及市场供求更为有效和直接。

【思考与练习题】

1. 试分析农产品市场的特点。

2. 农产品市场营销有哪些功能?

3. 请思考农产品电子商务当前存在哪些问题,怎样解决这些问题?

模块二　农产品市场与营销环境

任务一　农产品市场概述

一、农产品市场的概念

农产品市场是农业商品经济发展的客观产物，它的涵义有狭义和广义之分。

1. 狭义的农产品市场　是指农产品集中和销售的场所。农产品是由众多分散农民在广袤的土地上从事农业生产的产品，而每一个农民的生产数量只占总体产量的很小份额，无法形成一个经济的运输单位，必须有地区性的市场，以便产品集中并销售。这种农产品集中和销售的场所便是农产品市场，在市场上，生产者出卖自己生产的农产品，消费者购买自己所需的农产品，也正是这种供需双方的需求促进了农产品市场的不断产生和发展。

2. 广义的农产品市场　是指农产品流通领域交换关系的总和。它不仅包括各种具体的农产品市场，还包括农产品交换中的各种经济关系，如农产品交换原则与交换方式，人们在交换中的地位、作用和相互联系，农产品流通渠道与流通环节，农产品供给和需求的宏观调控等。

二、农产品市场的分类

农产品市场可以依据农产品交易场所的性质、销售方式、交易形式、商品性质等的不同进行分类。

1. 按照农产品的销售方式分类

（1）农产品批发市场。指成批量地销售农产品的市场，每笔的交易量都比较大，可以说是商人之间的交易市场，商人在批发市场上购买农产品一般不是为了最终消费，而是用作转销。一般在农产品生产比较集中的地方和交通比较发达的中转集散地以及消费者众多的大中城市都设有批发市场。

（2）农产品零售市场。指进行小量农产品交易的场所。农村的集市、城市的农贸市场和超级市场等都是农产品零售市场。农产品零售市场的最大特点就是购买者众多，而每一位顾客的购买数量较少。

（3）农产品超级市场。超级市场，简称超市，其规模较大，是采取部门化经营、自我服务的大型农产品零售市场。由于其近几年发展速度很快，已经有逐步取代传统零售市场的趋势。

2. 按照农产品交易场所的职能性质分类

（1）农产品产地市场。指待销售的农产品起运的场所，即农民与商人交易的场所。产地市场的规模相对较小，其主要功能便是为分散的农户提供销售农产品和了解市场信息的场所。

（2）农产品销地市场。指设立在各大、中小城市的消费者集中地方的农产品市场，进一步可细分为销地批发市场、销地零售市场，其主要职能是把经过集中、初加工和储运的农产品销售给消费者。

（3）农产品集散与中转市场。农产品集散与中转市场首先将来自各个产地市场的农产品进一步集中起来，之后经过加工、储藏、包装等，通过批发商分散销往全国各地的批发市场。

3. 按照农产品交易形式不同分类

（1）农产品现货交易市场。指农产品物流和商流是同时进行的，即根据买卖双方达成的价格，在成交后即时或短期内交割，是一种"一手交钱，一手交货"的交易方式。

（2）农产品期货交易市场。期货交易是相对于现货交易而言的，指预先签订农产品买卖合同，而货款的支付和货物的交割可在买卖双方约定的时间内进行的一种交易。期货交易一般必须在有组织的市场内进行，即商品交易所，或称为"期货市场"。世界上著名的期货交易市场，如美国的芝加哥交易所（CBOT），是世界上最早且农产品品种最多的交易所，是最成熟的期货交易市场。郑州期货交易所是经中国国务院批准的国内首家期货市场，上市交易的期货合约有小麦（WS）、棉花（CF）、菜籽油（RO）、早籼稻等农产品。

4. 按照农产品交易地区的不同范围分类

（1）世界性农产品市场。如美国芝加哥的小麦、玉米、大豆市场，泰国曼谷的大米市场，印度孟买的茶叶市场，荷兰鹿特丹的油脂市场，马来西亚吉隆坡的天然橡胶市场等。

（2）多国共同市场。如欧洲经济共同体内的农产品市场。

（3）全国性农产品市场。如中国的无锡、芜湖、九江、长沙四大米市，江西省樟树镇和河北省安国县的中药材市场，浙江省舟山群岛沈家门的海水鱼产品市场等。

（4）地区性农产品市场。如全国、全省、全市、全县的农产品集散地。

任务二　农产品市场特点

本书中提到的农产品市场是指狭义的农产品市场，即农产品集中与销售的场所，由于农产品与人们的生活息息相关，且农产品具有消费鲜活性、体积大、价值低等特点，因此农产品市场与一般市场相比具有其特点。

1. 交易的产品具有生活自理和生产资料双重性质　一方面，农产品市场上的农副产品可以供给生产单位做生产资料，如农业生产用的种子、饲料和工业生产用的各种原材料等；另一方面，农产品又是人们日常生活中离不开的必需品，是居民的"米袋子""菜篮子"。

2. 供给的季节性和周期性　农业生产具有季节性，农产品市场的货源随农业生产的季节而变动，不同季节对应着不同种类产品的采购和销售。同时，农业生产有周期性，其供给在一年之中有淡旺季，数年中有丰产、平产、欠产年份，不同产品在不同地区、不同年份的产量可能相差很大，当然，同一产品在同一地区、同一年份，由于其生产技术的不同，其产量和质量也有可能不同。

3. 多为小型分散市场 农产品生产分散在亿万农户中，农产品集中交易时具有地域性特点，通常小规模的产地市场分散于产区各地。由于农产品消费主要以家庭为单位，且有少量多次、零散购买等特点，消费地的农产品零售市场贴近消费者，多分散于各居民区。

4. 风险大 就农产品而言，由于农业生产是自然再生产和经济再生产的统一，因此农产品市场就必然面对自然风险和市场风险的双重压力。农产品是具有生命的产品，自然风险就是指由于受自然因素（气候条件、土壤肥力、病虫害等因素）的影响，而直接导致农产品市场上农产品质量和产量的降低、减少，甚至消失。农产品市场风险主要是指农产品在生产和购销的过程中，由于市场行情的变化、消费需求的转移、经济政策的改变等不确定因素所引起的实际收益与预期收益发生偏离的不确定性。农产品市场风险多数是投机风险，既存在损失的不确定性，又存在获利的不确定性。这一风险种类的管理主要靠管理水平，并且很难通过风险保险来化解，因而增加了农产品市场风险管理的难度。

任务三　农产品营销环境

一、农产品营销环境概述

农产品营销环境泛指一切影响、制约农产品营销活动的最普遍因素，它是农产品营销活动的基础和条件。根据企业营销活动受制于营销环境的紧密程度来划分，营销环境可以分为两大类：宏观营销环境和微观营销环境。微观环境与宏观环境并不是并列关系，而是主从关系，从一定程度上来讲，微观环境受制于宏观环境，微观环境中的所有影响因素都要受宏观环境中各种力量的影响。农产品营销环境是一个多因素、多层次，且不断变化的综合体，具有以下特点。

1. 客观性　客观性是指农产品营销环境不以企业营销者的意志为转移，主观上对某些环境因素及其发展趋势进行分析有时候往往会造成企业决策者的盲目决策，不利于在市场中的竞争。这就要求企业营销经营者必须根据外界的环境和条件变化不断调整营销策略。

2. 复杂性　从营销环境的构成因素可以看出，其构成要素多，涉及范围相对较广，各个要素之间可能还会相互影响，并且存在着一定的矛盾关系。如随着都市生活节奏的不断加快，人们对快餐和食品的要求与日俱增，各种中西快餐店随之不断发展、壮大。然而从另一个方面来讲，经科学研究证明，过多地依赖这些快餐食品并不利于身体健康，在相关营养学家和一些食品营养与健康组织的呼吁下，食品企业不得不开发出即健康又便捷的食品，以不断满足消费者的需求。

3. 动态性　伴随着社会经济的不断发展和变化，营销环境不可能始终处于如一的状态，而是不断地发展和变化，正所谓市场竞争状况可能瞬息万变。尤其近年来，随着消费者对各种农产品不仅有量的需求，更专注产品的质，这就使得营销环境的变化速度呈不断加快的趋势。因此，企业营销活动必须与营销环境保持动态平衡性，一旦营销环境发生变化，企业营销就必须积极地反映和适应这种变化。

二、农产品营销宏观环境分析

农产品营销宏观环境实质上是指关系到农产品经营、销售企业的生存和发展，制约和影响农产品经营、销售企业营销策略制定和实施的外部因素的总称。这些因素主要包含以下六个方面：人口环境因素、经济环境因素、自然环境因素、科技环境因素、法律环境因素以及社会和文化环境因素。这些因素是影响农产品营销的主要社会力量，是企业不可控制的变量。

1. 人口环境因素　市场是由买卖双方，即由那些想购买商品同时又具有购买能力的人构成的，所以说人口是构成市场的第一要素。也可以说，人口的多少直接影响着市场的潜在容量，人口数量越多，市场规模也就越大。与此同时，人口的年龄结构、地理分布、婚姻状况、出生率、死亡率、密度、流动性及其文化教育等特性都会对市场格局产生深刻的影响，并直接影响企业的市场营销活动和企业的经营管理活动。为此，企业必须加强对人口环境因素的研究。

首先，人口数量是决定市场规模和潜力的一个基本要素。人口越多，如果收入水平不变，则对食物、衣着、日用品的需要量也就越多，市场也就越大。因此，按人口数目可大概推算出市场规模。我国人口众多，针对哪种产品来说无疑都是一个巨大的市场。当然，人口的迅速增长也会促进市场规模的扩大。很明显，随着人口的不断增加，相对应的消费需求也会随之增长，那么市场的潜力就会很大。

其次，人口结构对农产品营销也有一定的影响。不同年龄的消费者对商品的需求肯定不一样。现阶段，我国呈现出了较西方国家高的人口老龄化现象，反映到市场上，便是老年人的需求越来越多。比如老年人保健品、营养品、老年人生活必需品等的市场越来越兴旺；性别结构对农产品营销的影响也较为显著，营销人员对生鲜蔬菜水果市场的调查中发现，女性早已成为生鲜蔬菜尤其是水果的购买主力，女性购买且食用者占消费者整体的 2/3 以上；民族结构对农产品营销的影响主要表现在各个不同的民族对市场的需求存在很大的差别，比如，在回族居民聚集生活的街区以销售牛、羊肉为主。因此，企业营销者在营销时一定要注意民族市场的营销，重视开发适合各民族特性并受其欢迎的食品。

2. 经济环境因素　经济环境是指农产品经营企业营销活动所面临的外部社会条件，其运行状况及发展趋势将会直接或者间接地对企业营销活动产生一定的影响。经济环境因素包括直接影响营销活动和间接影响营销活动的因素。

直接影响营销活动的经济环境因素包括消费者收入水平的变化、消费者消费结构的变化、消费者的储蓄和信贷情况。消费者收入是指消费者个人从各种来源中所得的全部收入，其购买力水平来自消费者的收入水平，收入水平高自然对产品的市场需求也相对较高。消费结构是指消费过程中人们所消耗的各种消费资料（包括劳务、服务）的构成，即各种消费支出占总支出的比例关系。恩格尔定律表明，在一定的经济条件下，当家庭收入呈现增长趋势时收入中用于食物支出的增长速度要小于家庭中用于教育、医疗卫生、娱乐等方面的增长速度。也就是说，生活水平越低，消费者用于食物的开支比重越大；生活水平越高，食物开支所占的比重也就越小；当然，消费者的个人收入一般情况下不可能全部花掉，总有一部分会以其他形式储蓄起来，这便是一种推迟了的、潜在的购买力。那么农产品经营企业营销人员一定要全面了解消费者的储蓄情况，尤其是要了解消费者储蓄目的的区别。因为不同的储蓄目的对消费者的需求量、消费模式、消费内容、消费方向及消费发展都有一定的影响。

间接影响消费者活动的经济环境因素包括经济发展水平、经济体制、地区与行业发展状况、城市化程度。农产品经营企业的市场营销活动必然要受到一个国家或地区整个经济发展水平的限制和影响。不同的经济发展阶段相对应的居民收入水平肯定也完全不同，由此顾客对产品的需求也不一样，从而在一定程度上影响着企业营销。例如，在经济发展水平较高的地区，对于同一种产品，消费者可能追求的是产品款式、产品品质及特性，甚至是颜色等；而在经济发展水平低的地区，消费者侧重的则可能是产品的功能及实用性、价格因素等；从生产者方面来讲，经济发展水平高的地区会倾向于把资金投入到那些能够节省劳动力的先进、精密、自动化程度高、性能好的生产设备上。相对应地，在经济发展水平较低的地区，其机器设备大多是一些投入资金相对较少、耗劳动力多、简单易操作、较为落后的设备；城市化是影响营销的一个非常重要的因素，表现尤为明显的是城乡居民之间在某种程度上的经济和文化的差别，直接导致城乡居民之间不同的消费行为。例如当前阶段，我国一大部分农村居民的消费都是自给自足的小农消费，自己种植粮食、蔬菜，养殖家禽牲畜；而城市居民则通过货币交换直接从当地的农产品市场上购买。除此之外，相对于城市而言，农村相对闭塞，农民的消费观念也比较保守，对一些新产品、新技术都较之城市接受得慢。

3. 社会文化环境因素　社会文化环境是指企业所处的社会结构、社会风俗和习惯、信仰、价值观念、行为规范、生活方式、文化传统、人口规模与地理分布等因素的形成与变动。

社会文化环境因素是影响农产品经营销售企业在营销众多因素中最复杂的变量，因为它不像其他影响因素那样看得到，且易于理解，但却始终在不断地影响着企业的市场营销活动。例如，以饮食为例，因饮食文化有中西餐的不同，中餐又有众多地方菜系和风俗；由于不同的价值观念，对于同一款式的商品，A民族认为它是漂亮的，可能B民族就会认为它是丑陋的；同一种色彩的商品，农村居民可能十分喜欢，城市居民就有可能认为其"土"。所以说，企业在进行营销活动前，一定要对当地的社会文化环境进行全方位的分析和了解，并针对不同的社会文化环境实施不同的营销策略方案。

【案例】嘉兴农产品市场创建以来，所取得的成绩不仅源于其完善的市场内配套功能、独特的市场区位优势、交通优势，也源于其和谐的企业文化。就说嘉兴农产品市场在国际中港城举办的"2010·虎年迎春酒会"吧。

整场酒会由市场部精心策划的"百张笑脸迎虎年"开场，在热闹非凡的鼓乐歌声中，市场全体经营户和公司全体员工共400多人欢聚一堂，以市场经营户和员工的笑脸照片编辑成形象展示片，宴会厅大屏幕上一张张带着浓浓喜庆的笑脸，融合成了一个"大家庭"，它不仅让嘉兴农产品市场全体员工共同感受到了"2009年丰收的喜悦"和"2010年新的希望"，更重要的是展示和体现了嘉兴农产品市场全体经营户和员工良好的精神面貌和百倍的干劲与信心。

为了鼓励先进，在酒会上还进行了"文明经营户""销售前十强""十佳员工"的表彰和颁奖仪式，不仅让过去取得成绩的员工得到了嘉奖和奖励，感受到了集体对其付出的认可和肯定，更激发了其继续努力，再创辉煌的信心和决心。

晚会现场，节目丰富多彩、形式多样，令人惊叹的沙画表演描绘了市场新的"希望"，出神入化的刘谦魔术模仿秀变幻莫测，搞笑且别具一格的东北二人转博得了大家阵阵掌声。其中还有市场自己排演的节目最受关注，市场经营户的男女声二重唱绝不亚于专业演员；市场员工四人表演的"三句半"，话语风趣，迎来了阵阵叫好声和欢笑声，成为全场反应最热烈的节目。晚会期间还穿插了抽奖、游戏互动等活动，更添了不少喜气。

整个酒会始终伴随着欢声笑语，大家把酒言欢，相互送去祝福，分享过去一年美好的丰盛的成绩的同时，对新的一年充满了期待和美好！

资料改编自：食品产业网　2010 年 2 月 3 日

4. 政治法律环境　政治法律环境是一个国家或地区的政治制度、体制、方针政策、法律、法规等方面，即政治环境和法律环境。

政治环境是一个企业进行市场营销活动的外部政治形势，企业营销活动的顺畅与否很大程度受国家政局稳定与否的影响。如果政局稳定，人民生活安居乐业，那么便会给企业的营销活动营造出良好的环境；相反，政局动荡，社会秩序混乱，社会矛盾尖锐，甚至是人民流离失所，无疑不利于企业的市场营销，更不利于企业的生产。

法律环境是指一个国家或地区所颁布的各项政策法规、法令和条例等，它是任何农产品经营企业必须遵守的准则，也只有企业在进行市场营销活动时依法遵守，才能受到该国法律的有效保护。近年来，随着经济的快速发展，为适应经济体制改革，保护消费者合法权益等，我国相继制定和颁布了《中华人民共和国农业法》《中华人民共和国农产品质量安全法》《中华人民共和国食品安全法》等。

【案例】一提到新加坡，大家首先想到的就是其出了名的干净的环境。而这种环境卫生不仅体现在生活环境上，在食品安全方面更是如此。

新加坡靠近赤道，气候炎热，全年平均气温都在 30 ℃以上，为此食物非常容易腐烂变质。为了保证食品安全，新加坡以严密的法律体系、严格的执法检查和诚信的商业环境，来保证消费者吃得放心，具体做法如下。

（1）新加坡制度的管理非常严格，规定所有食品进口商都须在食品管制局注册，所有进口的食品都必须接受检查，从而确保它们符合卫生条例。不符合标准的食品（包括库存）都一律销毁，进口商也将被起诉。

（2）新加坡颁布的有关食品安全的法律主要有《环境公共卫生（食物卫生）条例》和《食品出售条例》，例如根据新加坡法律，售卖不适于食用食品者，将被课以最高 5 000 新元的罚款；再犯者最高罚款 1 万新元，或监禁 3 年，或两者兼施。而食物中毒的罚款则根据中毒的后果而定。

（3）执法部门相对较多，包括环境部、国家发展部下属的农粮食品和兽医局（简称农粮局）。

（4）新加坡食品卫生执法部门的权力很大，法律授权执法部门可在任何时间对任何贩卖和生产的食品进行检查，并查扣任何违法生产和销售的食品以及任何被认定危害公众健康的食品。且上述执法部门每年要进行近两万次执法检查，平均每天数十次的临检和常规检查与鉴定。例如，针对小贩管理的稽查队每 4 人 1 组，配备有 1 名持枪保安。根据新加坡法律，售卖不适于食用食品者，将被课以最高 5 000 新元的罚款；再犯者最高罚款 1 万新元，或监禁 3 年，或两者兼施，而食物中毒的罚款则根据中毒的后果而定。

资料来源：编者采集

5. 科技环境 科技是第一生产力，是社会生产力中最活跃的因素，并始终影响着人类社会的历史进程及社会生活的方方面面。科技在农业生产方面所取得的成绩对农产品经营企业营销活动的影响更是十分明显。如杂交水稻的栽培成功使水稻产量得到了大幅度的提升；转基因食品又在一定程度上促进了农产品品质及外观的改变，转基因大豆的含油率就比较高；当前阶段农业生产力水平不断提高，相继出现了设施农业、无土栽培等技术，成为了农业生产力水平不断进步发展的主要动力；相应地，农业科技的发展对企业营销管理者也提出了要求，对改善农产品经营企业营销管理也起到了促进作用，这就促使如计算机、传真机、电子扫描装置、光纤通信等设备的广泛运用，与此同时，科技的发展对农产品经营企业营销管理人员也提出了更高的要求，促使其更新观念，掌握现代化管理理论和方法，不断提高营销管理水平。

6. 自然环境　自然环境是指能够从自然界中获取的各种形式的物质资料，如阳光、空气、水、土地、森林等。从一定程度上来讲，自然环境也被认为是一种资源，如东北地区的蔬菜大棚、西北地区的绿洲农业等。那么自然环境对农产品营销的影响主要表现在自然环境会影响农产品质量上。如受过工业污染的农产品种植基地生产出的农产品所含的有害物质肯定会超标，自然会降低农产品的质量，直接导致农产品销售的价格降低，甚至导致农产品无销售市场。

三、农产品营销微观环境分析

农产品营销微观环境是指那些对农产品经营企业在营销活动过程中影响更为频繁、更为直接的环境因素，是与某一具体的营销决策、活动过程中直接相关联的各种特殊力量，一定程度上与农产品经营、营销企业目标的制定与实施有着直接关系，包括农户、企业、营销中介、顾客、竞争者、社会公众。

1. 农户　农户一直以来都是社会中最基本的经济组织，当前我国农户存在着规模小、分散经营的显著特点。从农产品商品率方面来看，可以把农户区分为商业性农户和自给性农户。商业性农户生产农产品向农业经营企业提供初级农产品，成为了农业经营企业的上游供给者，与此同时也有可能直接为市场提供可直接消费的农产品；自给性农户自产自销，并未加入农业经营企业的产业链条中。当前由于我国农民人多地少，农民仅仅依靠农业生产满足不了生活需求，一部分农民便同时从事农业和非农业生产，以弥补单纯经营农业收入不足的弊端，这种行为我们称之为农户的兼业行为。现阶段我国很多兼业程度高的农户退出了之前所从事的某一种农产品的生产，一定程度上给农业经营企业带来了不确定性和一定程度的风险性。

2. 企业　随着现代经济的飞速发展和生产力水平的日益更新，企业内部的分工越来越细，随之而来的便是企业内部不同层次之间、不同活动之间、不同部门之间的矛盾。因此，企业在制定营销计划时，很有可能会受到其他活动或其他部门的影响，如受到最高管理层、财务、研发、采购、生产等部门的影响，因为营销战略的制定本身也是企业最高管理层的决策内容，营销部门提交的方案必须要获得最高管理层的批准，与此同时营销部门也要得到其他部门的通力合作以向顾客提供有效的服务。

3. 营销中介　营销中介是协助农产品经营企业进行促销、销售和经销其产品给最终购买者的那些企业，主要包括中间商、物流配送公司、营销服务机构以及金融服务机构等。

中间商是能帮助企业找到顾客并把产品卖给顾客的销售渠道公司。中间商分为代理中间商和经销中间商，代理中间商不拥有商品的持有权，其专门介绍客户或与客户进行磋商促进交易合同的签订；经销中间商拥有商品持有权，如批发商、零售商等，其先是购买产品，拥有商品持有权后再销售产品。可以说，中间商效率的销售效率的高低将直接影响农产品的生产效率。为此，企业应该与中间商保持良好的合作关系，随时了解和掌握其经营活动，可适当采取一些激励性合作措施以推动其产品短时间内的顺利开展。

物流配送公司是帮助企业存储货物或将货物从原产地配送到目的地的公司，包括仓储公司和货运公司。仓储公司是在货物运往下一个目的地之前专门用来储存和保管商品的机构；运输公司负责把货物从一地运往另一地，包括从铁路运输、汽车运输、航空运输、船舶运输以及其他搬运货物的公司。当前由于对生鲜农产品的市场需求越来越多，冷链运输、冷藏运输发展形势大好。

营销服务机构是协助企业选择最恰当的市场，并帮助企业向选定的市场推销一定产品的各种机构，包括市场调查公司、广告公司、传媒公司、营销咨询服务公司等。当农产品企业决定委托这种专业服务公司来进行营销业务的办理时，需要谨慎选择，对各个公司的特色、服务内容、服务质量及水平、服务价格等进行全方位的斟酌考虑，反过来企业也会定期对这些委托机构的工作进行检查。当然，当农产品企业发展到一定规模时，可以设立自己的营销服务机构以方便促进本企业的营销工作。

金融服务机构主要是指各种商业银行、信贷机构、保险公司以及其他金融机构。这些机构会为农业企业的发展、农产品交易的顺利进行等提供金融支持，与此同时还会对产品买卖中的风险进行专业的评估并保险。很多公司的营销活动都会因为贷款成本的提高或资金来源的限制而受到严重的影响。

4. 顾客 顾客是对所有购买者的总称，是所有营销活动的出发点和落脚点，没有顾客任何营销活动都不可能成功。所以说企业的一切营销活动都应当以顾客为中心，秉持"顾客是上帝"的理念，企业的所有营销策略都要以顾客的消费观念、消费结构、支出结构的变化和发展为最重要的依据。为此，农产品经营企业应该全面分析各个目标市场的需求特点及购买行为，及时有效地为变化着的目标顾客需求制定相应的营销策略。

5. 竞争者 农产品经营企业的营销活动会受到各类竞争者的威胁，包括现实竞争者、直接竞争者、间接竞争者、国内竞争者、国际竞争者等。一个企业要想获得成功，就必须加强对竞争者的了解，尤其是对本企业形成严重威胁的竞争者，一定要比竞争者更快、更好、更有效地满足消费者的价值需求，这样才能有更大的机会和优势实现商品的使用价值和价值交换。

6. 社会公众 社会公众是指对企业完成其营销目标存在实际的或潜在影响的个人和各种群体，包括金融界公众、媒体公众、政府机构、农民行动团体、地方公众、内部公众和一般公众。各个公众群体的态度、行为等活动都有可能会促进、协助甚至是妨碍企业的营销活动。因此，企业在进行农产品营销活动时，一定要处理好本企业与外界的公共事务关系，在有需要的情况下甚至要专门筹划与建设同各类公众的建设性关系，以防止不利于公司营销的反面消息得到宣传。

四、农产品营销环境分析

1. SWOT 分析法

（1）SWOT 分析方法介绍。基于内外部竞争环境和竞争条件下的态势分析，是将与研究对象密切相关的各种主要内部优势、劣势和外部的机会和威胁等，通过调查列举出来，并依照矩阵形式排列，然后用系统分析的思想，把各种因素相互匹配起来加以分析，从中得出一系列相应的结论，而结论通常带有一定的决策性。

SWOT 这 4 个英文字母分别为 Strength，Weakness，Opportunity，Threat 的首写字母。

S（strength）：优势，指企业在竞争中拥有相对于其他企业明显优势的方面，如产品质量优势、产品品牌优势、产品市场优势、产品成本优势等。

W（weakness）：劣势，指在市场竞争中不得不拥有的相对劣势。一个企业具有很多优势的同时并不意味着它不具有劣势，所以说企业要客观评价和分析自己的劣势。

O（opportunity）：机会，企业在外部环境中，相对于竞争对手而言，更容易获得的能给企业发展带来优势的机会，而且这种机会和优势往往能比较轻松地给企业带来利益。

T（threat）：威胁，主要是指那些不利于企业健康、顺利发展甚至会带来挑战的力量，比如信贷危机等。

从整体上看，SWOT 分析可以分为两部分。第一部分为 SW，主要用来分析企业的微观环境；第二部分为 OT，主要用来分析企业的宏观外部环境。

（2）SWOT 分析法的使用。运用 SWOT 分析方法时要正确识别出企业所具有的和面临的优势、劣势、机会与威胁因素。面对所评价的因素优劣与否，其又是否预示着一定的机会或者威胁，主要取决于企业的生存环境，即企业所面临的行业背景与主要竞争对手。

行业背景的优劣至关重要，因为营销工作的成功开展离不开企业在本行业中要获得的良好效益、声望及市场表现，这就决定了企业拥有某项资源的优劣性。同时，行业背景一定程度上也会揭示出企业当前和未来一段时间内存在的或者可能出现的问题，或者是对企业和竞争对手都可能产生显著影响的外界因素。

因此，在对企业进行 SWOT 分析后，制定应对策略的基本思路是大力发挥优势条件，克服劣势因素，巧妙利用机会因素，化解威胁因素。

【案例】天津滨海新区是 1 个多功能、综合型经济区。位于天津市东部沿海，面积 2 270 千米^2，农村部分辖塘沽、汉沽、大港 3 个区 10 个乡镇、东丽区的 6 个乡镇和津南区的 1 个镇。2005 年全区农业人口 37.6 万人，占全市农业人口的 10%，农业用地总面积 4.2 万千米^2，占全市农业用地的 8%，农业总产值 18 亿元，占全市农业总产值的 9%。在其 12 年的发展中，地区生产总值年均增长 20.6%，综合经济实力不断增长，作为我国综合配套改革试验区，新区的开发与开放被纳入国家宏观经济发展战略的背景下，加快发展现代农业，对实现城乡统筹发展服务于现代化国际港口城市建设需要，具有重要的现实意义。运用 SWOT 分析法，对天津滨海新区现代农业发展的优势（S）、劣势（W）、机会（O）与风险（T）进行综合分析，有利于发挥滨海新区自身优势，抓住机遇、扬长避短、明确目标定位、制定相应措施、促进区域现代农业稳定、协调、健康发展。

一、现代农业发展的优势和劣势分析

天津滨海新区位于天津市东部沿海，面积 2 270 千米^2，农村部分辖塘沽、汉沽、大港 3 个区 10 个乡镇、东丽区的 6 个乡镇和津南区的 1 个镇。2005 年全区农业人口 37.6 万人，占全市农业人口的 10%，农业用地总面积 4.2 万千米^2，占全市农业用地的 8%，农业总产值 18 亿元，占全市农业总产值的 9%。

1. 优势分析

（1）区位优势。滨海新区位于环渤海经济区的中心地带，是东北亚大陆桥的起点和我国"三北"地区重要的出海口之一。区内海港、空港发达，高速公路、铁路和航运四通八达。优越的地理位置和便捷的交通为现代农业发展提供了有利的条件。

（2）农业资源优势。滨海新区气温适中，日照充足，降水主要集中在夏季，利于农作物生长；现除有 28 万公顷耕地外，滨海新区还有 3.3 万公顷盐碱荒地和滩涂湿地，河流湖泊密布，海、湖、河自然景观齐全，农鱼资源、农业观光资源丰富，具有较大的开发潜力。

（3）产业基础优势。近年来，滨海新区发挥农业比较优势，结构不断变化，效益显著提高。农业总产值逐年增加；水产养殖业形成规模，其产值超过种植业；初步形成了一批优势产业和拳头产品，产品优质率达 90% 以上。

（4）科技优势。天津市科研院所集中，具有较强的科技实力和较高的科研水平。依托天津市的科技优势，滨海新区聚集了众多科技研发机构和高科技人才，拥有较为完善的贸易、加工、物流企业和信息服务平台，为农业科技开发、成果转让、农产品加工贸易提供了有利条件。

2. 劣势分析

（1）农业生产条件约束。滨海新区农业用地质量不高，质地黏重，耕地有机质含量低，并长期受盐碱和干旱影响，中低产田面积占耕地面积的 70%，农业综合生产力不强；此外，区域水资源严重短缺，农田水利设施年久失修、严重老化，防灾减灾能力差。

（2）农业产业化、组织化程度不高。滨海新区农业生产仍以小规模农户经营为主，农业产业化、组织化程度不高，进入生产化体系的农民结成紧密性关系的仅占 1/3。虽然有 36 家龙头企业，但在全国有影响力的品牌较少，技术创新能力不强，影响了产业整体竞争力的提升；农产品综合利用深度不够，附加值不高，关联产业不发达，对农业的带动作用较弱。

（3）现代农业发展的配套机制尚不健全。"工业反哺农业"的长效机制尚未形成，农业投入不足。此外，科技创新和推广体系不健全，农业对外开放程度不高，农民科技文化素质较低，以及农业社会服务体系建设不完善，都在一定程度上制约着现代农业的发展。

二、现代农业发展面临的机遇和挑战

1. 面临的机遇

（1）政策机遇。国务院把推进天津滨海新区开发开放纳入国家宏观经济发展战略布局；2006 年 5 月下发的《国务院关于推进天津滨海新区开发开放有关问题的意见》，批准天津滨海新区为全国综合配套改革试验区。国家大政方针和天津市出台的一系列农业发展政策措施，为滨海新区现代农业发展提供了难得的发展机遇。

（2）经济社会发展环境。经济实力的不断增强，使滨海新区已具备"工业反哺农业，城市带动农村，城乡互动，协调发展"的能力和条件。随着生活水平的提高，城市居民的生活方式、休闲方式正发生着变化，人们对品质好、有利于健康、无公害的绿色食品越来越青睐，对可以休闲娱乐、劳动体验、缓解精神压力的现代农业观光旅游需求也越来越多，为现代农业全方位发展，提供了广阔的市场前景。

2. 面临的挑战

（1）资源环境条件的约束。农业发展空间压缩，水环境污染较重。随着工业化、城镇化进程的加快，建设用地需求量不断扩大，导致农业发展空间进一步压缩；受农业污染和工业"三废"污染影响，区域水环境，尤其是近海水域环境污染较为严重，给沿海渔业生产带来了较大影响。

（2）城乡居民收入和文化差距的约束。目前，滨海新区农业对农民的收入贡献率比较低，农民收入水平不高，城乡居民收入比为

2∶1，限制了农民从事农业的积极性；另外，农民科技文化素质不高，高新技术应用能力不强，难以适应现代化农业发展的要求。

（3）农村、农业管理制度和体制的约束。目前，农村、农业管理制度和体制改革滞后，特别是集体土地流转制度、农村社会保障制度、城乡户籍制度、农业税收及金融信贷政策、农产品流通体制、城乡协调发展等制度和政策还不能完全适应农业现代化发展的要求。

资料来源：编者采集

3. PEST 分析 PEST 分析是指对农产品营销宏观环境的分析，P 是政治（politics），E 是经济（economy），S 是社会（society），T 是技术（technology）。在分析 1 个企业所处的背景时，通常是通过这 4 个因素来进行分析的。

典型的 PEST 分析如下表所示。

PEST 分析列表

政治（包括法律）	经济	社会	技术
环保制度	经济增长	收入分布	政府研究开支
税收政策	利率与货币政策	人口统计、人口增长率与年龄分布	产业技术关注
国际贸易章程与限制	政府开支	劳动力与社会流动性	新型发明与技术发展
合同执行法 消费者保护法	失业政策	生活方式变革	技术转让率
雇佣法律	征税	职业与休闲态度 企业家精神	技术更新速度与生命周期
政府组织/态度	汇率	教育	能源利用与成本
竞争规则	通货膨胀率	潮流与风尚	信息技术与革命
政治稳定性	商业周期的所处阶段	健康意识、社会福利及安全感	互联网的革命
安全规定	消费者信心	生活条件	移动技术变革

【**案例**】所谓保健品行业的 PEST 分析是指通过对政治、经济、社会和技术等因素进行分析，来确定这些因素的变化对保健品行业

发展战略管理过程的影响。

1. 从政治法律角度看，保健品行业标准缺失　保健品标准和规定缺失且相互矛盾，如我国卫生部制定的《食品添加剂使用标准》规定食品中不允许含过量氧化氢（双氧水），而某些生产规章又规定了保健品的过氧化氢残留标准；再如一方面法规规定保健食品不能宣传治疗作用，另一方面保健食品中用的中草药都有治疗作用，可是一用到保健品食品里就不能宣传了。为此，由于缺乏有关的行业管理和国家标准造成保健品行业目前假冒伪劣产品、虚假广告、价格虚高等现象严重。

2. 从经济的角度来看，市场竞争日益激烈，跨国公司成为行业"领头羊"
当国内保健品行业陷入低潮，保健品行业竞争激烈之时，美国安利凭借其独特的销售模式异军突起，取得了惊人的业绩。尽管安利的销售模式颇有争议，但却不可否认，随着跨国保健品公司进军中国的步伐加快，国内保健品行业将面临更大的市场竞争压力。

3. 从社会的角度看，保健品市场起伏不定但发展势头良好
过去保健品行业连续发生负面事件，如三氯氰胺奶粉，地沟油等使得不少保健品企业崩盘，保健品行业曾一度跌入低谷。但近几年社会生活的变化促使了保健品行业重获强势劲头，逐步开始复苏，其销售额急速攀升。具体原因一是东南沿海的一些大中城市和地区已达到了中等收入国家水平，保健品消费支出以每年15％～30％的速度增长。二是随着社会竞争愈加激烈，生活节奏的不断加快给人们的生理和心理机能带来了巨大冲击，处于亚健康状态的人群不断扩大，为规避亚健康带来的各种不利影响，人们求助于保健品，使保健品的开发和生产成为经济生活中的"热点"。最后，多层次的社会生活需要为保健品产业的发展提供了广阔空间。除在家庭和事业双重压力下的中年人逐步加入保健品消费行列外，老年人、青少年也是保健品消费的主力军。

4. 从技术角度，保健品行业研究、生产和销售发生了全新的变化　WTO给中国保健品企业带来了世界级的竞争对手，面临日益加剧的市场竞争，所有从事保健品生产的中国企业都应清醒地认识到未来保健品竞争的核心必将是科技含量，加强科技投入迫在眉睫。特别是已经有一定经济实力的企业更要重视保健品的应用基础研究，努力提高新产品的科技含量和质量水平，使保健品企业向高新技术企业过渡，科技含量高的产品成为主流。

保健品行业在获得高速发展的同时，也暴露出许多问题。这些问题严重危害了行业的发展，已经到了要引起高度重视并亟须解决的地步。主要问题如下。

（1）管理体制落后。

（2）企业追求短期利益。

（3）消费者消费观念错误。

通过上面问题的分析，我们还要从市场发展的角度，并在PEST分析的基础上探讨解决问题的思路。

（1）通过立法和修订现行法律法规，改革保健业管理体制；健全执法机构严格执法、提高执法水平。

（2）更新保健品经营理念和创新保健品经营手段。

（3）树立正确的保健品消费观。

资料改编自：http：//www.360doc.com

任务四　我国农产品市场营销发展现状

一、我国农产品市场现状

我国现有耕地 9 497 万公顷，农荒地 3 535 万公顷；大部分耕地集中分布在东北平原、华北平原、长江中下游平原、珠江三江洲和四川盆地。东北平原大部分是黑色沃土，生产小麦、玉米、高粱、大豆、亚麻和甜菜；华北平原以褐色土壤为主，主要生产小麦、棉花、谷子、玉米、花生；长江中下游平原以灰潮土为主，水资源丰富，盛产水稻、柑橘、油菜、蚕豆及淡水鱼，素有"鱼米之乡"之称；四川盆地多为紫色土壤，主要生产水稻、油菜、甘蔗、茶叶和柑橘。

近年来，随着经济的飞速发展，我国的农、林、牧、渔业总产值也一直处于稳步增长状态。2008年，农、林、牧、渔业总产值分别为813亿、106亿、418亿、407亿，2014年，农、林、牧、渔业总产值较2008年分别增长了170.35％、138.67％、112.92％、191.49％，分别为1 385.96亿元、147亿元、472.23亿元、779.36亿元。作为发展中国家，改革开放几十年来，我国加大对农田水利设施的建设投资，不断促进农业科技进步，提高粮食和农业综合生产能力。可以说现阶段我国农产品市场总量充足，品种丰富。

与此同时，伴随着生产力水平的不断发展，人们日益增长的物质文化需求也相应提高，消费者越来越重视产品的质量与服务。在此种情况下，日趋完善和完美的营销策略能在一定程度上提高产品销售的效率。于是随之而来的就是对农产品宣传力度的逐渐加大，各省市的农业信息网逐步茁壮成长，积极发布农产品信息，提高了农产品的市场化程度并初步形成了综合批发市场、专业批发市场、集市贸易和零售并行的农产品市场流通体系。当然，广大而分散的农户仍然是农产品流通中最主要的力量，农民经纪人、各种农业合作社、农民协会、农产品流通企业等多种营销主体正在逐步发展壮大。

二、我国农产品市场营销发展现状

1. 我国农产品市场建设发展较快 我国农产品的各类专业和综合市场建设在不断地发展和提高，专业市场的类别不断增多，其中包括粮油市场、水产品市场、蔬菜市场、禽蛋市场、肉食市场、干鲜果品市场等农产品市场。2011年末，我国亿元以上的农产品市场数量已达到1 798个，农产品市场数量的增加推动了市场摊位数、营业面积和成交额的快速增长，2011年末农产品市场摊位数、营业面积分别为104.7万个、6 789.8万米^2。农产品的交易额也呈现稳步上升趋势，2011年农产品市场营销成交额突破2万亿元，西部地区、东北地区和中部地区农产品市场营销成交额年均增速高达 27.4％、24％和 23.7％，超过农产品市场营销成交额年均增速 7.5、4.1、3.8 个百分点。山西、陕西、四川、内蒙古、河南、黑龙江等地农产品市场成交额的年均增长速度高达 30％，个别地区超过了 50％。以上成绩的取得主要来源于我国农产品交易市场在经历了多年高速增长与规模扩张后，现在正在逐步实现从数量扩张向质量提升的转变，流通规模也得到了突破性扩张，农产品档次日益提高，农产品市场的硬件设施得到明显改善，农产品市场运行质量也得到提高。

2. 传统农产品批发市场成为农产品流通的主渠道 现阶段，我国大大小小的批发市场基本上覆盖了所有的大、中、小城市和农产品比较集中的地区，基本上形成了以城乡集贸市场、农产品批发市场为主导的农产品营销渠道体系，直接促进了贯通全国城乡的农产品流通渠道的建设。且当前阶段大、中、小型城市消费的生鲜农产品也大部分通过农产品批发市场提供。农产品批发市场的有序发展壮大，对于加快农产品流通、促进我国农民收入水平有效提高、满足城乡居民日益增强的农产品消费需求起到了举足轻重的作用。

3. 连锁超市、各类大卖场等现代渠道发展迅速 以配送、超市、大卖场等为主的现代流通方式发展很快。近几年来超市和卖场作为一种现代新型营销渠道不断地涉足农产品销售领域，已经成为农产品营销渠道体系里的一名新成员，与传统的集贸市场在零售终端展开了激烈竞争。农村现有商业具有很强的局限性，也为连锁超市的发展提供了更加广阔的空间。现代市场营销通过超市连锁形式，可以借助总部强大的采购、管理、品牌、服务等优势，将零散性强的商业资源重新整合。

4. 农产品营销中介组织在推动农产品流通和促进农业产业化方面起着重要作用 个体户、专业户、联合体这些农产品购销主体不断发展壮大。农产品营销中有了农产品营销中介组织的加入，使得小规模生产和大市场实现了对接，改变过去农产品产销脱节的不良局面，有效缓解了农产品销售过程中的部分问题。农产品营销中介的出现带动了上游生产基地的发展，同时也带领农民走向市场，帮助农民致富，对地区农业发展和建设起到了积极作用。

5. 农产品营销模式多样化　为了适应当前经济形势的多样化发展，现阶段我国农产品在营销模式上逐步呈现多样化，这些模式包括农产品绿色营销、农产品网络营销、农产品品牌营销、农产品文化营销、农产品国际营销。农产品营销模式的多样化发展大力促进了我国农产品的健康、有序销售，对提高农产品营销效率起到了举足轻重的作用，在提高农民生活水平的同时，更进一步满足了各种顾客不同的消费需求。

【**案例**】戴手套摘果—清洗—分级—打蜡—包装—上车，这是江西省信丰县长安村的脐橙采摘流水线，小小的一个县城为何有这样一个现代化的采摘流水线，这还要从 1997 年说起。

1997 年，信丰县按协议将 5 吨脐橙运抵广州，准备出口东南亚，却因检测时农药残留超标而被退回。原来这是因为信丰长期以来都采用多施化肥、农药、产品粗包装的生产方式，大大降低了产品的品质，也因此缩小了国内外销售空间，使得信丰县的脐橙、草菇、红瓜子、萝卜等多个享誉已久的传统优质农产品得不到广阔的销售市场。

这个教训逼得信丰人意识到要想采用国际化的营销模式，就必须学着用国际化的眼光重新审视本县农业的发展。为此，信丰县先从脐橙产业入手，帮农民转变生产经营方式，按国际市场标准组织生产。技术人员一次次地把国际市场上对脐橙品种、品质、安全性、包装、保鲜、运输等方面的技术带给果农和种植大户，对果农们进行一场场培训，教授无公害脐橙生产、生物防治、套袋保果、戴手套摘果等技术，在与中国科学院、江西省农业院校等单位合作下，也得到大面积推广。如今，全县有 3 万亩脐橙按国际市场的标准组织生产，且这种国际市场标准组织生产脐橙的方式还辐射到了信丰草菇、红瓜子、萝卜等产业。果品被前来参观考察的国内外专家、客商看好，早在下树前就有很大一部分被高价订购，现如今已远销日本、韩国和东南亚，并受到欧洲客商的欢迎。

按国际市场标准种地，实行国际化营销模式，不仅使信丰农民的收益成倍增长，无形中还促进了当地农业结构的调优、调整。朱清能的1 000亩脐橙园今年总产值接近200万元，比往年增长数十万元，并带动周边农民发展了3 000亩"国际化"精品果园。

资料来源：编者收集

【思考与练习题】

1. 农产品经营企业在进行经济环境分析时，主要考虑哪些经济因素？

2. 市场营销环境分析有哪几种具体方法？

3. 阅读并思考：冷鲜肉为何遭封杀？

"冷鲜肉"连锁经营目前在国内还算新鲜事物，业内人士甚至认为，它有可能引发中国肉类工业的一场产业革命。然而这一新型的肉类经营模式却在今年以来接连受到来自各地的抑制和"封杀"。该经营模式是以销售生鲜肉及肉制品为主的一种连锁经营模式，最为显著的特点是各连锁店实行"五统一"的发展模式，即统一形象、统一标准、统一服务、统一配送和统一管理。某肉类经营集团所推行的连锁店计划是其冷鲜肉战略中的一个重要环节。目前，该集团已经在全国开设了近6 000家连锁店，其中河南200家、湖北40家、四川50家、北京20家，该集团的目标是5年内将采取加盟、合资、独资等方式在全国建设2 000家连锁店。

但正如上面提到的那样，该集团所制定的推广计划受到了阻碍。据统计，截至2016年9月，其冷鲜肉被公开堵截的事件就超过50起，通过对全国20多个省份的77个地市的调查发现，36%的地市明确禁止外地冷鲜肉进入，而高达57%的地方只准部分产品进入或部分场所销售。

各地封杀冷鲜肉的理由都是"只准销售当地肉联厂的猪肉。"然而众所周知，连锁经营的特点之一是总部统一配送货物，突破地域限制，从而形成极具成本优势的价格和管理体系。显然，连锁经营的企业发展模式与肉制品经营的有关规定是相冲突的。

该集团在进入某省市场后的几个月内，该省部分地区的肉类经营企业便出现了"全线亏损"，大多定点屠宰场因销量急剧下降而面临停产，近1万名职工可能下岗。对当地政府而言，除了财政税收方面的损失，保持社会的稳定也是它们做出封杀决定的重要原因。

请思考分析：案例中的企业在推行连锁计划时所受到的主要影响是什么？为什么要对营销环境进行分析？

模块三　农产品市场调查与定位

【引例】近年来，生猪市场风云变幻，不少农户出现"养猪亏本卖猪难"的问题。然而江西省峡江县马埠镇养猪专业户涂兵生却年年养猪年年发，他除了科学养猪外，还巧用时间差，实行反季节养猪法。在江苏省沭阳县塘沟镇也有一个精明的养猪人，用反季养猪法轻松获得了较高收入。他在多年实践中摸索出了生猪生产、销售的规律。即每年农历一月以后到六月前，生猪价格下跌，仔猪也随之降价。七月以后，猪肉价格回升，仔猪又随之涨价。究其原因，是不少人沿袭"养猪过年"的传统经营方式，赶在了捉小猪卖大猪的热潮上。涂兵生没有随大流跟着转，而是在农历一月到六月间，大部分农民出售生猪时，他大批量购进小猪，每批 50～60 头以上，一般 4～5 个月出栏，又赶上八月以后市场上捉猪卖猪两个高潮，钻了两个价格方面的空当，净赚了两笔市场差价，因而养猪规模愈来愈大。目前，他家除了自建的 36 间 520 米^2 猪栏外，又租赁了幸福水库 60 间 1 000 米^2 的猪场养猪，反季节带来了丰厚的养殖效益。

启示：农产品由于受到生长周期的限制，有淡旺季之分，但是消费者对农产品的需求是没有淡旺季之分的，因此涂兵生巧用时间差，实行反季节养猪，实现了年年养猪年年发，效益明显。

资料改编自：反季节养猪巧赚钱

任务一　农产品消费者分析

一、农产品消费需求的特点

农产品需求指农产品消费者在某一时期内，在各种可能的价格水平上愿意购买并且能够购买的某种农产品数量。这一概念实际上包含了形成农产品需求的两个必备条件，一是消费者具有购买意愿，二是消费者在现行价格条件下具有支付能力。

农产品需求与其他市场需求相比，有其特殊的要求和规律性，主要体现在以下几个方面。

1. 普遍性　民以食为本，农产品毫无疑问是每一个消费者的需求对象。不论何时、何地，消费者对农产品的需求都不会大幅度变动，因此，农产品，尤其是粮食、蔬菜等，作为基本生产、生活资料，被所有消费者广泛需求。

2. 稳定性　农产品属于生活必需品，消费者每天购买农产品的数量是一定的，需求量不会发生明显变化。即农产品需求价格弹性很小，尤其是粮食、蔬菜、食用油等，无论价格高低，每天的消费量几乎都是稳定的。

3. 零散性　零散性是指农产品购买个体的分散性以及单次购买数量的少量性。

4. 多样性　由于地域、生活习惯、收入水平的差异，使农产品消费呈现多样性。在各种条件一定的情况下，消费者对农产品的需要及满足需要的方式等方面存在着高、中、低档等不同层次的需求，呈现因人而异的现象。这就要求生产经营者区别服务对象，根据自己的生产经营能力，提供不同层次的农产品和服务，更好地满足不同层次消费者的需求。

5. 可诱导性　可诱导性是指消费者对农产品的需求受外界因素影响而产生的购买欲望的特征。商家往往利用广告、促销、营养成分以及营养价值介绍等活动引导消费者的需求。

6. 季节性　由于每种作物的生长周期、季节不同，使得农产品的生产具有明显的季节性，因此，农产品需求也呈现季节性的特点。

7. 地区性　农产品需求的地区性是由消费习俗、生活习惯、营养保健观念及便利程度决定的。同一地区消费者的消费需求有较大的相似性。而不同地区消费者的消费需求则表现出较大的差异。

二、农产品需求的发展趋势

我国农产品需求的发展趋势概括起来主要有 3 个方面。

1. 公众对农产品的品质要求越来越高　在农产品数量已经能够满足消费者需要的前提下，随着人们生活水平的日益提高，消费者往往追求更高品质的农产品。特别是近年食品安全事件和农产品质量安全事件频发，人们更加追求高品质农产品。高品质的农产品一般体现在营养成分含量、纯度、水分含量、口感、外观新鲜程度等多个指标上。

2. 农业科技创新和现代信息技术的发展对农产品消费需求的影响越来越大。

3. 外部市场要求越来越高。

三、农产品的购买行为

与农产品的需求行为类似，作为最主要的生活资料，消费者对农产品的购买行为也受文化因素、社会因素、个人因素和心理因素等影响。尤其是随着市场经济的不断发展以及社会结构和文化特征的不断改变，消费者对于农产品的购买行为也将呈现出许多新的特点和发展趋势。

1. 农产品的购买行为模式　农产品购买行为是指消费者购买农产品的一系列活动及相关的决策过程。不同的消费者由于需求、动机和个性特点不同，在购买过程中的行为表现也不同。研究消费者的购买行为必然要涉及"5W2H"问题，即谁参与购买活动（Who）、买什么（What）、为什么购买（Why）、什么时间购买（When）、什么地方购买（Where）、准备购买多少（How much）、如何购买（How）。

（1）谁参与购买活动（Who）。在农产品生产和经营过程中，必须明确谁是主要的消费者，他们有什么特征，以便采取有针对性的营销策略。由于农产品消费通常是以家庭为单位进行的，因而购买决策也由家庭中某一个或某几个成员决定。一般情况下，在涉及高价值、高品质的农产品购买中，家庭成员往往共同决定，但对于简单、多次购买的农产品，一般是由家庭主妇自己决定。分不同类别、有针对性地对购买角色进行研究，有利于农产品经营者在产品设计、宣传、服务等方面采取不同的策略，以便争取更多的顾客。

（2）买什么（What）。在购买过程中，消费者一般是从好几个品牌中选择出适合不同需求的品牌。在选择过程中一定会涉及价值判断与比较，这些消费者用于判定品牌优劣的评判标准正是农产品经营者不能放过的信息。

（3）为什么购买（Why）。为什么购买即消费者购买的动机和原因。消费者购买动机是驱使消费者产生购买行为的内在原因。消费者为什么买某种特定的农产品？为什么买这个品牌，而不买那个品牌。这是需要农户和企业研究的问题。

（4）什么时间购买（When）。消费者购买农产品有一定的时间规律，1天中总有某个时间段购买者较多，1周中周六、周日购买较多，1年中节假日购买较多。正是由于消费者购买农产品存在时间上的规律性，因此，农产品经营者要充分利用这一规律，在购买者较多的时间段，采取适合的营销策略。

（5）什么地方购买（Where）。农产品销售市场有早市、集贸市场、批发市场、超市等。不同消费者的购买地点也有一定的差异。有些消费者可能在集贸市场购买或在超市购买，也可能去专业的批零市场购买。有的选择在离家近的市场购买，有的选择在离工作单位近的市场购买。分析消费者在何处购买的目的就是要使农产品销售网点的布局尽可能适应消费者的需要，以便消费者购买。

（6）准备购买多少（How much）。消费者在购买农产品时的购买频率和购买数量。了解购买频率和购买数量可以估计和预测市场总量，这可以作为细分市场的依据，也可以当作促销时间长短与所用方式的参与。

（7）如何购买（How）。对农产品购买方式的了解和研究可以帮助农产品经营者进行产品设计、价格及其他经营方式的决策。

2. 影响农产品购买行为的因素　农产品购买行为是一个比较

复杂的过程，整个过程受到多个因素的作用和相互影响。随着消费者收入水平的不断提高和消费品种的日益丰富，消费者的购买行为表现得更加丰富多彩，复杂多样。虽然消费者的购买行为千差万别，但通过形形色色的购买行为，也不难发现农产品的购买行为受着一些共同因素的影响。综合来看，消费者在做出购买决策时，一般受文化、社会、个人及心理等因素的影响，这些因素不被经营者和营销者所控制，但作为经营者和营销者必须考虑。

3. 消费者购买决策过程　在复杂的购买过程中，消费者购买决策由引起需要、收集信息、评价方案、购后感觉和行为 5 个阶段构成。

任务二　农产品市场调查与预测

【案例】韦寨村是地处贵州毕节地区黔西县的一个较为边远、贫困的乡镇，可这里盛产的优质冬桃、樱桃、大蒜等农产品远近闻名。为促进农产品销售，韦寨村建起了一个网络"农贸市场"，小山村里的绿色农产品开始热销山外。

打开韦寨村的网站，不仅有详细的村情介绍，更可随时了解农产品供求信息。村民王某通过远程教育系统，学习了养鸡育雏技术，筹集资金发展特色养殖。有一次她养殖的小鸡染病，她立即去村里的信息室通过网络向专家请教，很快就解决了问题。以前，出售家禽需要到 7 千米远的县城去卖，而现在不少商贩通过网络了解村里特色农产品销售信息，打个电话就会进村上门收购。"网络农贸市场让我们边远山寨的农民群众踏上了致富的信息高速公路。"农民随时都可以来到村信息室，通过网络学习实用技术，查看或发布农产品供求信息。农忙时，农民们白天下地干农活，晚上上网看信息。网络把小村寨和外面的大世界联系起来了。

启示：农产品市场信息是农产品营销活动的依据，收集农产品信息，做好农产品市场调查，在此基础上对农产品进行预测，是农产品营销前后衔接、密不可分的两个环节。市场调查是市场预测的基础，市场预测是市场调查的延伸和发展。

资料改编自：新华网，2009 年 8 月

一、农产品市场信息的内容

1. 农产品市场信息的含义 市场信息是在一定的市场状态下，反映市场活动特征及其发展变化情况的各种消息、情况、数据、资料等的总称，是对市场各种经济关系和营销活动的客观描述和真实反映；农产品市场信息是信息的一个类别，是反映农产品市场营销环境及其发展变化情况的各种数据、指令、消息和情报、资料等的总称。

一般把农产品市场信息分为两大部分，外部环境的信息（外部资料）和内部管理的信息（内部资料），详见表 3-1。

表 3-1 农产品市场营销信息

内部资料	外部资料
产品供求信息	顾客数据
价格信息	市场行情
营销人员信息	竞争者情况

一般市场信息的特征为可储存，可扩散，可共享，可转换，可扩充以及时效性。

自身的特殊性为及时性、系统性、社会性和基础性等。

农产品市场信息是进行营销决策和编制计划的基础，也是监督和控制农产品营销活动的依据。农产品市场信息把各地区、各行业的营销组织联结在一起形成了一个多结构、多层次的统一的大市场。

2. 农产品市场信息的内容 农产品市场信息主要包括 4 个方面：农产品供求信息、农产品价格信息、市场竞争信息和整体市场环境信息。

（1）农产品供求信息指在农产品市场营销活动中直接反映农产

品供给和需求状况的信息。

农产品供给信息侧重于与本行业有关的社会商品资源及其构成情况，有关农产品生产企业的生产规模和技术进步情况，产品的质量、数量、品种、规格的发展情况，原材料、零备件的供应变化趋势等情况，并且从中推测出对市场需求和企业经营的影响，以及时调整产品结构，减少竞争压力。同时，任何成功的产品定位都必须建立在对消费者需求的深刻理解与把握上。因此，在产品研发、定位的各个阶段都要深入调查、把握消费者需求特征以及需求的变化，并积极主动的将消费者的意见与建议纳入产品研发中来。一般来说，对消费者的调研包括目标消费者的类别、身份、购买能力、购买欲望、购买动机、购买习惯、心理特征、文化背景等各个方面，根据消费者的需求设计、开发产品，并进行准确的市场定位，满足消费者的需求。以便更好地开拓市场，稳定客户群。

（2）农产品价格信息。农产品价格信息是市场信息的核心，是农产品经营的指示器。市场价格信息直接决定了农产品是否盈利，是否具有价格竞争优势等。农产品价格信息包括农产品售价、农产品的批发和零售价格、优惠价格、产品的定价标准、消费者对产品价格变动的反应，不同产品之间的比价、地区差价、季节差价等。

农产品市场价格波动大，特别是蔬菜等保鲜性强的农产品价格随季节、节日而变动。了解农产品价格信息，合理分销农产品，可以保证农产品销售的利润，这是农产品营销的最终目标。

（3）市场竞争信息。竞争信息是任何产品定位所需要掌握的关键信息。只有全面而深刻地了解竞争对手的信息，才能在洞悉竞争对手竞争战略、竞争策略、营销方式、产品特点的基础上，运用综合的定位技术，与竞争对手进行有效的区隔，从而在消费者心目中建立清晰的品牌形象，准确切入市场。

（4）整体市场环境信息。农产品目标市场的整体环境对农产品营销的影响非常大，必须有基础的了解，整体市场环境信息主要包括整体经济发展对农产品市场的影响、政府的农业产业政策、金融形势、消费者收入增长情况、农产品需求的变化等。

二、农产品市场调查

1. 农产品市场调查的概念 农产品市场调查是农业企业以营销管理和决策为目的，运用科学的方法，有计划地收集、整理、传递、存储和利用农产品市场有关信息的过程。通过市场调查，可以利用有关农产品市场营销中的历史、现状及发展趋势等方面的信息资料，提出解决问题的建议，为农业企业营销管理者制定有效的市场营销决策提供客观依据。

2. 农产品市场调查的内容

（1）农产品市场环境调查。调查影响农产品营销的政治环境、经济环境和社会文化环境。政治环境包括政府颁布的与农产品营销有关的方针、政策、法规等；经济环境包括该地区的人口及其增长情况，国民生产总值和国民收入，各阶层居民的人均收入水平、消费水平、消费结构以及交通运输条件等；社会文化环境包括消费者受教育程度和文化水平、职业构成、民族分布、宗教信仰和风俗习惯等。

（2）消费者需求调查。包括消费人口总数、人口结构、消费者类型、消费者购买力及购买习惯、消费结构及其变化趋势、消费者的潜在需求以及消费者对农产品质量、包装等方面的意见与要求等。

（3）农产品供给调查。包括农产品生产量、库存量、调出与调入量、进出口数量等方面的历史与现状，农业生产规模及技术进步状况，农用生产资料供应及使用情况以及影响农业生产的气候条件等。

（4）农产品营销渠道调查。主要调查农产品营销渠道的利用情况，包括农产品价值运动和实体运动流经的各个环节，需要利用的中间商数目，各个中间商的资金实力、商业信誉及人员结构等。

（5）农产品市场竞争状况调查。主要调查竞争对手的数量，各个竞争对手的生产能力、生产方式、技术水平、销售地区、销售量以及所运用的营销策略和手段，竞争对手的商品质量、规格、包装、定价及盈利情况。

3. 农产品市场调查的程序 市场调查是一项十分复杂的工作，要顺利地完成调研任务，必须有计划、有组织、有步骤地进行。根据调查活动中各项工作的自然顺序和逻辑关系，市场调查可分为以下 4 个阶段，如图 3-1 所示。

| 确定调查主题 | → | 制定调查计划 | → | 组织实施计划 | → | 分析信息报告结果 |

图 3-1 市场营销调研的程序

（1）确定调查主题。确定调查主题即确定调查所要解决的生产经营中的具体问题和调查目标，它回答的是通过市场调查要解决什么问题，并把要解决的问题准确地传达给市场调查者。

调查切实可行，即能够有具体的调查方法进行调查，可以在短期内完成调查。调查的时间如果过长，调查的结果也会失去意义。调查应能获得客观资料，并能依据这些调查资料解决提出的问题。

（2）制定调查计划。市场调查的第二阶段是制定出最有效收集所需信息的计划。调查设计是指导调查工作顺利执行的详细蓝图，主要内容包括确定资料的来源和收集方法、调查手段、抽样方案以及调查经费预算、时间进度安排和联系方法等，详见表 3-2。

表 3-2 市场调查计划的主要构成

资料来源	一手资料、二手资料
调查方法	观察、专题讨论、问卷调查、实验
调查手段	问卷、仪器
抽样方案	抽样单位、样本规模、抽样程序
联系方法	电话、邮寄、面访

（3）组织实施计划。在调查设计完成之后，执行阶段就是把调查计划付诸实施，这是调查工作的一个非常重要的阶段。此阶段主要包括实地调查即收集资料。收集资料是成本最高也是最易出错的阶段，但现代计算机和通信技术使得资料收集方法迅速发展。主要

包括调查准备、调查人员培训、调查作业管理、调查复核几个部分。

（4）分析信息报告结果。市场调查的最后一步是对数据进行审核，从数据中提炼出与调查目标相关的信息，对主要变量计算平均值等。调查人员还可以通过对某些高级统计技术和决策模型的应用来发现更多的信息。随后把同营销管理者进行关键的市场营销决策有关的主要调查结果报告出来，如表3-3所示。

表3-3 市场调查报告结果内容

封面	报告题目；作者；执行单位；委托单位；日期
目录	内容目录；表目录；图片目录；附件目录
执行总结	主要结果；结论；建议
正文	调研问题；背景；问题的陈述 调研方法 调研设计：设计类型；原始或二手数据收集；问卷设计；样本设计；现场实施控制 数据分析：数据分析方法；数据分析方案 调研结果 结论与建议
附件	问卷与图表；统计分析结果

4. 农产品市场调查的方法 在市场调查的设计和执行阶段，要根据调查的目的和目标选择合适的调查对象，采用适当的调查方法和技术获取完整可靠的信息。这些在实践中发展起来的方法和技术既包含一些基本的操作程序，又涉及市场调查者的运用技巧，各自都有其适用的范围和优缺点。调查方法一般分为4类，即观察法、访问法、试验法和专题讨论法。

（1）观察法。观察法是由调查人员直接或通过仪器在现场观察调查对象的行为动态与背景并加以记录而获取信息的一种方法。观察法分人员观察和机器观察，在市场调查中用途很广。观察法可以观察到消费者的真实行为特征，但只能观察到外部现象，无法观察到调查对象内在的动机及态度等。

（2）访问法。访问法是市场调查中使用最普遍的一种调查方法。将事先拟订的调查项目或问题以某种方式向被调查者提出，要求给予答复，由此获取被调查者或消费者的看法、认识、喜好和满意等方面的信息，再从总体上加以衡量。

访问法的分类：按照调查人员与被调查者接触方式的不同，访问法又分为个人访谈、电话访问、邮寄访问和网上询问；按照访问问卷是否标准可分为标准式访问和非标准式访问，标准式访问是按照调查人员事先设计好的、有固定格式的标准化问卷，按顺序依次提问，并由受访者做出回答。其优点是能够对调查过程加以控制，从而获得比较可靠的调查结果；非标准式访问事先不制作统一的问卷或表格，没有统一的提问顺序，调查人员只是给一个题目或提纲，由调查人员和受访者自由交谈，以获得所需的资料。

（3）试验法。实验法来源于自然科学的实验求证，是最科学的调查方法。是指在控制的条件下对所调查对象的一个或多个因素进行操纵，以测定这些因素之间的关系，适用于因果性调查。实验方法现在广泛应用于市场调查，主要包括实验室试验和现场试验两种。现场试验的优点是方法科学，能够获得较真实的资料。但大规模的现场试验往往很难控制市场变量，影响试验结果的内部有效性。实验室试验正好相反，内部有效度易于保持但难于维持外部有效度。实验室试验的不足是周期较长，研究费用昂贵，严重影响了试验方法的广泛使用。

（4）专题讨论法。根据调查目的，邀请 6～10 人，在一个有经验的主持人的引导下共同讨论一种农产品、一项服务、一个组织或其他市场营销话题。专题讨论法属于定性调查方法。一般要求主持人对讨论的话题非常了解，具备客观性，并了解消费者，懂得群体激励。在讨论环境上要求轻松，畅所欲言。这是设计大规模调查问卷前的一个试探性阶段，对于正规调查很有帮助。

综合上述分析，市场调查方法选择的优劣直接影响到调研结果的质量与效果，而每一种市场调查的方法都有其自己的优势与局限性。如探索性的调查多选取访问法、专题讨论法等定性调查方法；而要进行因果关系调查则实验法是最好的。若要测试一个农产品的概念、广告文案等最好选用专题讨论法；而要进行一项关于市场占有率的调查，则访问法中的电话调查法和入户调查法是最好的。另外调查必须要考虑经费问题。一般而言，电话调查、街头拦截调查和邮寄调查的费用较低；而入户调查的费用相对较高。在实际调查中，一般以 1 种方法为主，同时辅以其他方法，以取得更好的效果。

【案例】会电脑、天天上网人很多，但能利用虚拟世界淘得真金的人却很少。曹东哲是一个普通的青年农民，运用敏锐的眼光和聪明的头脑建起了一个服务农民的网站，把更多的农产品打入了国际市场。

作为一个新农村的经纪人，应该掌握信息知识，因为经纪人主要通过掌握的信息和沟通渠道为供求双方牵线搭桥，或者提供咨询服务，从中收取佣金。信息的多与寡、获取信息的快与慢以及信息质量的高与低，已成为决定经纪业务成与败的关键。

一个经纪人要赢得事业的成功，关键的一条就是必须时时关注潜在的市场机会，把握时机，掌握市场的主动权。

启示：我国近年来信息科学发展很快，各行各业都十分重视信息资源的开发利用，并实行行业信息化。在农业系统，农村与社会发展信息资源开发利用和农业信息化成了农村经济、农业生产经营、农民增加收入的战略选择。农村经纪人已经意识到，谁掌握了最新的信息，谁就拿到了通往成功大门的钥匙。

应用计算机网络是农村经纪业务发展的必由之路。有条件的农村经纪人应配置一台性能优越的电脑。学会上网，应用网络接收、查询、下载、存储和发布信息，收发邮件等。

资料改编自：农民小伙，从农村经纪人网站里掘金，《大众商务》2006 年第 15 期

三、农产品市场预测

1. 农产品市场预测的概念　农产品市场预测是在市场调查和

市场分析的基础上，运用逻辑和数学方法，对农产品市场调查的各种信息资料进行分析研究，测算未来一定时期内农产品市场供求的发展变化趋势，为农产品营销决策提供依据。

2. 农产品市场预测的内容

（1）宏观农产品市场预测与微观农产品市场预测。宏观农产品市场预测是对整个农产品市场供求状况的预测，微观农产品市场预测是对单个农产品市场或单个农产品供给和需求主体的预测。这两种预测相互依存，相互影响。

（2）定性预测与定量预测。定性预测主要依靠对经验、实施的分析判断得出结论；定量预测须建立在对历史数据资料和调查数据资料的基础上，结论是否正确取决于数据资料的真实性与完整性。定性分析与定量分析各有利弊，应结合使用。

（3）短期预测与长期预测。短期预测是一年内的预测，目的是为了安排生产和销售计划；一年以上的预测就是长期预测，目的是为未来的战略性决策提供依据。

3. 农产品市场预测的程序

（1）确定预测目标，拟定预测计划。由于预测的目标、对象、期限不同，预测所采用的分析方法、资料数据搜集的要求也就不同。因此，市场预测首先要明确预测的目标，即预测要达到什么要求，解决什么问题，预测的对象是什么，预测的范围、时间等。预测计划是预测目标的具体化，它具体地规定了预测的精度要求、工作日程、参加人员及分工等。

（2）搜集和分析资料。预测要广泛搜集与预测目标有关的一切资料，所搜集的资料必须满足针对性、真实性和可比性的要求。同时，对资料要进行整理和分析，剔除一些随机事件造成的资料不真实，对不具备可比性的资料要进行调整，以避免因资料本身的原因对预测结果所带来的误差。

（3）选择预测方法，建立预测模型。预测方法的选择要服从预测目的、占有资料的数量和可靠程度、精确度要求以及预测费用的预算。在定量预测方法的选择中，可通过对数据变化趋势的分析建立起与历史资料吻合的预测模型。

（4）确定预测值，提出预测报告。预测误差是不可避免的。为了避免预测误差过大，要对预测值的可信度进行估计，即分析各种因素的变化对预测可能产生的影响，并对预测结果进行必要的修订和调整，最后确定出预测值，写出预测报告和策略性建议。

4. 农产品市场预测的方法　市场预测的方法很多，一些复杂的方法涉及许多专门的技术。对于企业营销管理人员来说，应该了解和掌握的企业预测方法主要有如下两种。

（1）定性预测法。定性预测法也称直观判断法，是市场预测中经常使用的方法。是指由预测者根据已有的历史资料和现实资料、依靠个人的经验和知识、凭借个人的主观判断来预测市场未来的变化发展趋势。这类预测方法的特点是简单易行、成本低、费时少、不需要经过复杂的运算过程，特别适用于那些难以获取全面的资料进行统计分析的问题。不足之处在于受预测者的主观因素影响较大，往往不能提供以精确数据为依据的市场预测值，而只能提供市场未来发展的大致趋势。常用的定性预测法主要有专家意见法、经验判断法和顾客意见法。

专家意见法是依靠专家的知识、经验和分析判断能力，在对过去发生的事件和历史信息资料进行综合分析的基础上，对市场的未来发展趋势做出判断的一种预测方法。它包括专家会议法和专家小组法。

经验判断法是农业企业相关人员根据自己的经验知识对未来情况做出的判断。这种方法在营销预测实践中分 3 个层面进行，即经理人员判断法、营销人员分析法和综合判断法。

顾客意见法是选定一部分潜在消费者，直接向他们了解消费意向，并在此基础上对市场需求做出判断估计。在营销实践中，通常采用固定样本定期的对顾客进行调查预测。一些企业聘请顾客作为企业的顾问，定期地反馈意见，实质上也是对这种方法的运用。这种方法在运用中要注意选定的样本必须有代表性，而且这些顾客也愿意为企业提供意见。

（2）定量预测方法。定量预测是利用比较完备的历史资料和数学模型及计量方法来预测未来的市场需求。定量预测法一般在所掌握的历史统计资料较为全面系统、准确可靠的情况下采用，能够准确地测算市场未来的发展趋势，为经营决策提供确切的科学依据。优点是受主观因素影响较少，偏重于数量方面的分析，重视市场变化的程度。其缺点是涉及统计计算，较为烦琐，不易灵活掌握，难以预测市场质的变化。它的不足之处是：单纯量的分析会忽视非量的因素。常用的定量预测法有算术平均法、加权移动平均法、指数平滑法、回归分析法等。

任务三　农产品市场定位

一、农产品市场细分

1. 农产品市场细分的含义和作用　农产品市场细分是指根据农产品总体市场中不同消费者在需求特点和购买习惯等方面的差异，把农产品总体市场划分为若干不同类型消费者群体的过程。

市场细分之后，每一个消费者群体就是一个细分市场，每一个细分市场都是由具有类似需求的消费群体构成的。不同细分市场的消费者对同一产品的需求与欲望存在明显的差异。当前，我国农产品极为丰富，消费者的需求日趋个性化、多样化，消费者对农产品的需求、欲望、购买行为以及对营销策略的反应等均表现出巨大的差异，这种差异使得农产品市场细分为必然的要求。

农产品市场细分的作用。市场细分是开展市场营销的重要手段，科学合理地对市场进行细分，对营销者把握市场、扩大经营、提高效益具有重要作用。

（1）对农产品消费者来说，市场细分能更好地满足多元化需求。农产品市场是买方市场，农产品营销决策首先是要尊重、适应和满足顾客的需求，而顾客的需求是有差异的，只有通过市场细分，准确定位目标市场，才能生产出适销对路的农产品。

（2）对农产品销售者来说，市场细分有利于发挥优势和开发新产品。

一是有利于农户或企业扬长避短，发挥自身的生产优势。相对于整个农产品市场，每个农户或企业的经营能力总是有限的，只能生产经营一种或几种优势农产品。市场细分能使农户或企业清楚地定位目标市场，从而把精力、技术和资金等集中在自身的优势农产品上，在市场竞争中占据优势地位，避免盲目竞争。

二是有利于农户或企业开发新产品。市场细分的过程就是分析、挖掘新的市场机会的过程，在这个过程中不断调整目标市场，开发新的产品以满足目标市场的需要，从而持续保持市场的营销竞争力。

2. 农产品市场细分的依据　农产品市场细分的依据是消费者对农产品需求的多样性和差异性，这种多样性和差异性受多种因素影响。

（1）按地理因素细分。不同地理位置的消费者对农产品的消费具有很大的差异性，这是市场细分的重要依据。地理标准主要包括以下一些因素：行政区域，如国家、省、市、区县等，或城市、乡村等，行政区域的大小往往意味着人口数量的多少即市场密度的大小，但这种划分人为因素的影响较大；地理位置，如沿海地区、内陆地区、华北、东北、西南等地区，不同的地理位置具有不同的消费需求和生活习惯，消费者的需求存在较大差异。

（2）按人口因素细分。人口是构成市场的最基本、最主要因素。不同年龄、性别、家庭、种族、经济收入、国别都是农产品市场细分的重要依据。

（3）按心理因素细分。心理因素直接影响消费者的购买趋向，消费者的消费心理受社会整体环境、社会阶层、收入状况、文化水平、职业状况以及价值观念等因素影响，市场细分就是要满足其消费的心理需求。如高收入人群消费农产品时，心理需求不止停留在"吃饱吃好"的层面，而是追求农产品的优质、生态、品牌、服务等，对价格的敏感度极低。

（4）按收入因素细分。收入是消费者需求的基础，不同的收入水平决定了市场的购买需求。如高收入人群对应的是高档农产品市场，中等收入水平对应的是一般农产品市场。高收入群体对农业的服务产品需求越来越强，农业生态休闲旅游成为极具发展前景的新兴市场。

3. 农产品市场细分的步骤　由美国营销学家麦卡锡首创的、逻辑性很强的市场细分 7 步法。7 个步骤分别如下。

① 根据企业经营目标确定市场范围。

② 运用头脑风暴法列出消费者的全部需求特征。

③ 根据细分变数对列出的需求特征进行初步细分。

④ 根据共有的需求特征，选出最能发挥企业优势的潜在细分市场。

⑤ 为选定的潜在细分市场命名。

⑥ 进一步分析潜在市场的需求特点。

⑦ 测量不同潜在细分市场的规模，并最终确定目标市场。

【案例】妙士是消费品行业内一家比较神秘的公司，营销类和大众类媒体鲜有详细介绍及分析其经营的文章，虽然妙士品牌的知名度和影响力均难以与其他乳品巨头比肩，但他却创造出了一流的销售业绩和保持良好的财务状况，是乳品行业中令人尊重的品牌。妙士创立于 1992 年，经过十余年的业绩快速增长，已由区域品牌发展到全国品牌，先后建立了 8 个生产基地，基本完成了全国市场战略布局，设立十余家销售公司，搭建起了强大的销售网络。总部也由保定迁至北京，扭转其区域品牌形象。

与一些成功企业发展过程相似，妙士成立之初资源极度匮乏，既无国有企业背景也无强势资本注入，身处消费水平不高的城市，在经过了细致的市场调研后，发现餐厅奶的巨大市场空白，且妙士系列产品以乳酸菌饮料为主、屋顶装为主要包装形式，符合就餐饮用乳饮料的需求。经过反复的分析与评估，果断放弃了传统通路，确定了企业的细分市场与发展方向为"以餐店为主要终端，开创了牛奶饮料上餐桌的先河"。这一发展策略经受了市场的考验，经过了十余年的努力与积累，妙士几乎成为餐厅奶的代名词、在餐饮业拥有绝对优势。当然，妙士的成功除了正确的市场细分战略外，其现代企业管理制度也起到了至关重要的作用，在人力资源方面，跨国公司中高层管理人员的加盟也使妙士内部管理和执行力得以提升，总裁缪长青先生的领导力和人格魅力保障了企业良性且快速的发展势头。

资料改编自：名人网，http：//www.mr699.cn/new/news_view.asp? newsid=16999

启示：营销的实质是用正确的方法做正确的事，成功的企业必定掌握正确的方法。已经或者准备多元化发展的企业要认真研究市场细分原则，谨慎行事。少一些恶性竞争，多一些"妙士乳业"。

二、农产品目标市场的选择

1. 目标市场的含义　目标市场是通过市场细分，根据生产经营者的条件确定一个或几个准备以相应的产品或服务来满足消费者现实或潜在消费需求的细分市场，也是生产企业营销活动所要满足的市场，是生产企业为实现预期目标而要进入的市场。

2. 农产品目标市场策略　目标市场一旦选定，就应考虑采用怎样的营销策略进入目标市场。根据目标市场的独特性和企业自身的情况，有3种目标市场策略可供选择。

（1）无差异营销。无差异营销通常也叫无差异目标市场策略。这种策略着眼于满足整个市场的共同需要，只注意消费者在需求方面的共同点，而舍弃在细分市场中所表现的某些差异。以整个市场为目标市场，以单一的产品并凭借单一的市场营销组合，力求满足整个市场的某种需求。

这种策略最大的优点是由于生产集中、品种单一、批量大，所以生产成本很低，其所面对的市场选择能力不强，不需作大量的广告宣传，从而营销费用相对较少。公司的成本下降会带动产品价格的下降，这样可以吸引对价格敏感的那部分细分市场。但是，如在同一细分市场上有几家企业都采取无差异性营销，结果将是在最大的细分市场上出现激烈的竞争，而较小的细分市场的需求却得不到满足，给企业带来较大的风险，也可能错失营销成功的机会。

（2）差异性营销。通过市场细分，选择几个子市场为目标市场，并针对每个子市场的不同需求特征设计不同的产品和采用几种不同的营销组合。即公司同时在几个细分市场上经营业务，并分别为每一个细分市场制定不同的营销计划。这种策略的优点在于由于符合消费者的不同需求，增加了销售机会，有利于市场的拓展。可以使企业在几个细分市场同时占据优势，提高企业声誉，树立良好形象，从而有利于在竞争中夺取更大的市场占有率，多渠道销售多样化的产品会提高总的销售额，所以差异性营销一般比无差异性营销获得更高的销售额。这种策略的缺陷为同时经营几个细分市场，会使企业资源过于分散，从而失去竞争优势。这种策略会导致生产成本和营销费用的增加，降低营销活动效益。

（3）密集性营销。农户或企业只选择一个或少数几个细分市场为目标，以某种营销组合手段集中全力服务于该市场，以便争取优势地位的市场策略。采取这种策略主要是集中力量在部分市场拥有较高的占有率。它的特征是集中生产经营某些有特色的产品及"拳头"产品等，在营销活动中集中占领选定的目标市场。该策略的优点是可节省市场营销费用、增加盈利，而且还可提高产品与企业的知名度，必要时还可迅速扩大市场，从而巩固企业的市场地位，提高竞争能力。这种策略对一些农户和企业尤为适用，但风险大、缺乏多样性、易受竞争的冲击，因为企业所选定的目标市场范围较小，一旦目标市场情况恶化，如出现强大的竞争者，或需求突然发生变化，企业就会陷入困境。因此，采用这一策略的企业必须密切关注目标市场的需求动向，制定应急措施，加强风险防范意识，并在具有一定实力时扩大市场范围，以分散经营风险。

【案例】"舌尖上的味道"就是生活的味道。春节临近，礼品菜成为新年市场新贵，受到百姓的青睐，价格也比平时高出很多。

近年来，随着生活水平的提高，城市居民走亲访友兴起了赠送礼品蔬菜的新时尚。一只竹编礼篮或精装纸箱，装上精心挑选的近20个品种的精细菜品，包括彩椒、乳瓜、松柳苗、白玉菇、荷兰豆、金丝南瓜、嫩玉米等红、白、黑、黄、绿各色新鲜蔬菜，既时尚大方，又经济实惠。

小王是上海郊县的菜农，种植蔬菜 6 年，过去种植普通蔬菜销售价格偏低，利润微薄，高档蔬菜礼盒的兴起使小王看到了商机。2011 年开始，他就与上海、南京等大城市的超市、百货店等取得联系，针对消费时尚，专供蔬菜礼盒。2012 年春节期间，小王不但自己生产，还从周边地区组织了大批的优质蔬菜，包装成精美的蔬菜礼盒，一个月销售了 3 000 箱，获得较好的经济效益。

资料改编自：新华网，礼品蔬菜成为新年健康饮食新宠受青睐，http：//www.qh.xinhuanet.com/2013－02/03/c_114594645.htm

启示：小王的成功在于准确定位了自己的目标市场。把蔬菜作为礼品赠送是城市居民生活质量提高和消费观念进步的必然趋势。传统的蔬菜销售渠道是把大批蔬菜用整车编织袋、竹筐装着运到城里的农贸市场，竞争激烈，价格低。开拓蔬菜礼品市场既扩大了销路，又增加了蔬菜的附加值。可见对农产品市场进行细分，正确选择目标市场是农产品营销取得成功的关键。

三、农产品市场定位

1. 市场定位的含义 市场定位是指企业根据竞争者现有的产品在市场上所处的位置，针对顾客对该类产品某些特征或属性的重视程度为本企业产品塑造与众不同的、给人印象鲜明的形象，并将这种形象生动地传递给顾客，从而为该产品在市场上确定适当的位置。

市场定位的实质是使本企业能与其他企业严格区分开来，使顾客明显感觉和认识到这种差别，从而在顾客心目中占有与众不同的位置。市场定位的概念提出后，受到企业的广泛重视。越来越多的企业运营市场定位，参与竞争、扩大市场。

2. 市场定位的作用

（1）市场定位有利于建立农户或企业及农产品的市场特色，是参与现代市场竞争的有力武器。农产品市场存在严重的供大于求的现象，众多生产同类产品的农户或企业争夺有限的顾客，市场竞争异常激烈。为了使自己生产经营的产品获得稳定销路，防止被其他生产者的产品替代，必须从各方面树立一定的市场形象，以使顾客在心目中形成一定的偏爱。

（2）市场定位是制定市场营销组合策略的基础。农产品的市场营销组合要受到市场定位的制约，如某农户决定生产销售优质低价的产品，这样的市场定位就决定了产品的质量要高，价格要低；广告宣传的内容要突出强调企业产品质优价廉的特点，要让目标顾客相信低价也能买到好产品；分销储运效率要高，保证低价出售仍能获利。

3. 市场定位的步骤　市场定位的主要任务就是在市场上让自己企业的产品与竞争者有所差异。要做到这一点是极不容易的，让消费者从心里记住自己的企业或产品，大致按照以下 3 个步骤进行。

（1）明确产品特色。明确产品特色要回答以下 3 个问题，一是竞争对手的市场定位是什么。二是目标市场上顾客欲望满足程度如何，以及确实还需要什么。三是针对竞争者的市场定位和潜在顾客真正需要的利益要求农户和企业应该及能够做什么。通过回答上述 3 个问题，企业就可以从中把握和确定自己产品的特色。

（2）树立市场形象。农户和企业要通过一系列的宣传促销活动在目标市场中显示出自己的产品特色。企业必须主动地通过广告等各种形式将其独特的产品优势准确传播给潜在顾客，通过宣传自己所具有的各种优势，以达到在顾客心目中区别于其他企业或其他品牌产品的独立形象，得到顾客的认同。

（3）巩固市场形象。农户和企业要不断调整，持续赢得顾客认同。

4. 市场定位的方法

（1）农产品用途定位法。根据农产品是直接食用还是用以观赏或加工等不同用途来定位。例如，对所生产的葡萄进行市场定位，要明确其目标市场是超市还是葡萄加工厂。

（2）农产品特性定位法。根据农产品的种源、生产技术、生产过程、产地等不同特征来定位。如"绿色农产品""无公害蔬菜"等。

（3）消费者对农产品认同定位法。按照消费者对农产品的不同看法来定位。如对水果进行定位，礼品目标市场的定位应注重外观和口感，家庭消费应重视口感，对外观要求低。

5. 市场定位的策略

（1）针锋相对策略。把产品定位在与竞争对手相同或相似的位置，与竞争者争夺一个细分市场。采用这种定位策略要求经营者比其他经营者具有资源、产品成本、质量等方面的优势，才能在竞争中占据有利地位。

（2）交叉错位策略。在一个产业链中，避开竞争，开拓尚未被人占领的新的经营项目，以填补市场细分中的空缺。

（3）另辟蹊径策略。按照自身的生产经营情况选择优势农产品来定位目标市场。如农户在社区设立蔬菜直营店，避开与大型蔬菜批发市场和超市的竞争。

任务四　农产品市场营销计划与战略

一、营销战略的概念及特征

1. 营销战略的概念　营销战略是企业市场营销部门根据战略规划，在综合考虑外部市场机会及内部资源状况等因素的基础上，确定目标市场，选择相应的市场营销策略组合，并予以有效实施和控制的过程。营销战略一方面服从于公司的总体战略，以实现公司的战略目标和长期目标为出发点；同时，市场营销又是企业开展营销工作的主线，指导着企业各个营销部门的各项工作。营销的总战略包括产品策略、价格策略、渠道策略、促销策略等。市场营销战略计划的制订是一个相互作用的过程；也是一个创造和反复的过程。

2. 营销战略的特征　从营销职能管理工作的角度来看，营销战略具有全局性、长期性、方向性、外部性等战略的一般特征。同时，相对于企业的总体战略和经营单位战略而言，营销战略具有以下4方面特征。

（1）从属性。企业营销战略可以看作是企业整个战略体系的重要组成部分，同时营销战略是企业为了保证总体战略的实施而制定的相关战略规划，因此从属于企业总体规划。

（2）相对独立性。在充分的市场经济条件下，无论企业规模的大小都拥有相对独立的营销部门和营销系统，开展各项营销工作。表明用以指导营销工作方向性的重大决策具有自身的独立性，营销工作是企业一项独立性很强的职能工作。

（3）专一性。营销战略是指导企业营销及相关部门与人员的营销活动，营销战略对与营销无直接联系的工作基本不具有指导作用。

（4）融合性。营销战略同企业的总体战略、经营单位战略和职能战略间有着很强的联系性。因为企业内部各项工作间的相互融合与制约，营销战略同企业的其他战略相关并融合。

二、市场营销战略的步骤

企业营销管理过程是市场营销管理内容和程序的体现，是指企业为达成自身的目标辨别、分析、选择和发掘市场机会，规划、执行和控制企业营销活动的全过程。

企业市场营销管理过程包含着下列4个相互紧密联系的步骤：分析市场机会，选择目标市场，确定市场营销策略，市场营销活动管理。

1. 分析市场机会　在竞争激烈的农产品买方市场，有利可图的营销机会并不多。企业必须对市场结构、消费者、竞争者行为进行调查研究，识别、评价和选择市场机会。

企业应该善于通过发现消费者现实的和潜在的需求，寻找各种"环境机会"，即市场机会。而且应当通过对各种"环境机会"的评估，确定本企业最适当的"企业机会"的能力。

对企业市场机会的分析、评估，首先是通过有关营销部门对市场结构的分析、消费者行为的认识和对市场营销环境的研究。还需要对企业自身能力、市场竞争地位、企业优势与弱点等进行全面、客观的评价。还要检查市场机会与企业的宗旨、目标与任务的一致性。

2. 选择目标市场 对市场机会进行评估后，对企业要进入哪个市场或者某个市场的哪个部分，要研究和选择企业目标市场。目标市场的选择是企业营销战略性的策略，是市场营销研究的重要内容。企业首先应该对进入的市场进行细分，分析每个细分市场的特点、需求趋势和竞争状况，并根据本公司优势，选择自己的目标市场。

3. 确定市场营销策略 企业营销管理过程中，制定企业营销策略是关键环节。为了满足目标市场的需要，企业对自身可以控制的各种营销要素如质量、包装、价格、广告、销售渠道等进行优化组合。重点应该考虑产品策略、价格策略、渠道策略和促销策略，即"4PS"营销组合。随着市场营销学研究的不断深入，市场营销组合的内容也在发生着变化，从"4PS"发展为"6PS"。

4. 市场营销活动管理 企业营销管理的最后一个程序是对市场营销活动的管理，营销管理离不开营销管理系统的支持。需要以下3个管理系统支持。

（1）市场营销计划。既要制定较长期战略规划，决定企业的发展方向和目标，又要有具体的市场营销计划，具体实施战略计划目标。

（2）市场营销组织。根据计划目标，需要组建一个高效的营销组织结构，需要对组织人员实施筛选、培训、激励和评估等一系列管理活动。

（3）市场营销控制。在营销计划实施过程中，需要控制系统来保证市场营销目标的实施。营销控制主要有企业年度计划控制、企业盈利控制、营销战略控制等。

营销管理的3个系统是相互联系、相互制约的。市场营销计划是营销组织活动的指导，营销组织负责实施营销计划，计划实施需要控制，保证计划得以实现。

三、制定市场营销战略的条件及环境因素

1. 制定市场营销战略的条件　经营理念、方针、企业战略、市场营销目标等是企业制定市场营销战略的前提条件。一般是既定的。确定目标时必须考虑与整体战略的联系，使目标与企业的目的以及企业理念中所明确的、对市场和顾客的姿态相适应。

市场营销目标应包括：量的目标，如销售量、利润额、市场占有率等；质的目标，如提高企业形象、知名度、获得顾客等；其他目标，如市场开拓，新产品开发、销售，现有产品的促销等。

2. 制定市场营销战略的内外环境　主要是对宏观环境、市场、行业、本企业状况等进行分析，以期准确、动态地把握市场机会。

【思考与练习题】

1. 农产品消费需求有哪些特点？分为哪几种类型？

2. 举例说明怎样开展农产品市场调查？

3. 以某一农产品为例，谈谈从哪些方面进行农产品市场细分，及怎样进行农产品市场定位？

4. 介绍制定农产品市场营销战略的步骤和农产品市场营销战略的因素。

模块四　农产品营销策略

【引例】

1.“原产地”战略

西藏的冬虫夏草、红花，北京的二锅头、烤鸭，宁夏的枸杞，山东的大花生，新疆的葡萄等许多产品具有产地特点，也就是我们通常所说的“特产”。反过来，“品牌产地”（Country of Origin）形象对消费者品牌信念和品牌购买意向起着明显的作用。购买商品时，上海制造往往意味着技术先进、品质优良；来自塞上草原，往往无污染的感觉；来自新疆、西藏的产品，又往往带有异域风情，风味独特。产地影响消费者对品牌的评价，进而影响购买行为。

因此，营销人员经常在产品包装和宣传物上大打产地概念，用产地概念传递给消费者天然纯净、质量上乘、健康正宗的印象，证明“产地”战略的威力。

2.“原生态”战略

随着经济的发展和生活水平的提高，人们对饮食的健康意识愈发明显。消费者对自然、健康、绿色产品的需求正成为一种趋势。因此，自然、绿色成为农产品深加工企业塑造自己品牌的有力支撑点。利用甘肃地区得天独厚的农业资源优势，独辟蹊径，经过多年技术攻关，解决了国内外同行业为之头疼的“瓜好吃，瓜类饮品难做”的国际性难题，率先于2003年6月推出了籽瓜汁饮品，并申报3项发明专利，填补了饮料界尚无高档瓜汁类饮料的空白。

为提炼品牌名称，综合品牌策略、产品特质和客户意见，最终定为“东方瓜园”，寓意绿色、健康、美味，富于感染力和食欲感。为了提升产品的价值感，营销人员把原来的产品名称“籽瓜汁”改为"籽瓜露",一个"露"字,传递出自然、原生的信息,立即提升了产品的价值感。然后营销人员将东方瓜园品牌定位为"现代人的时尚健康饮品",并把其品牌核心价值定位为"原生态"。

东方瓜园籽瓜露的"原生态"包含这样的信息:籽瓜是西瓜的母本,未经异化的原生品种;籽瓜露源于中国最大、最正宗、质量最好的籽瓜产地,纯正自然,返璞归真,品味原生。总之,"原生态"就是"自然、原生、健康"。产品推出后大受欢迎,最近还被作为甘肃特色产品的经典代表,被 2007 年新亚欧大陆桥区域经济合作国际研讨会确定为指定饮品。

3. "文化突围"战略

栗子为我国五大名果之一,是一种文化韵味很浓的食品。栗子粥在民间历史悠久,俗话说:"腰酸腿软缺肾气,栗子香粥赛补剂。"营销人员紧紧抓住板栗粥美味、健康的核心利益点,用文化诠释品牌和产品的价值,寻求文化和情感的认同。营销人员为板栗粥产品提炼出以下的副品牌名称——"板栗世家"。"世家"出于司马迁《史记》,其后被指名门望族。另外,"世家"还指技艺高超、受人尊敬、世代相传的家族,譬如"中医世家"。"世家"意味着积淀,意味着文化,意味着技艺,意味着诚信,意味着价值。"板栗世家"的品牌名称说明了秉承传统工艺、结合现代技术的先进板栗粥制作技艺,包含了板栗粥深厚的文化底蕴和独特的养生文化,诠释了"中国板栗粥第一品牌"的品牌定位。而且营销人员已经将"板栗世家"作为注册商标,以合法的垄断手法,帮助客户提高未来的竞争壁垒。在营销人员的策划下,"板栗世家"可以被模仿,但注定无法被超越。

资料改编自:http://www.chinadmd.com/file/z3owrro3o3o opvezwoc3vw6a_1.html

农产品市场营销是指农产品从生产者转移到消费者过程中所包括的农产品生产、采集、加工、运输、批发、零售和服务等全部营运活动。就是指为了满足人们的需求和欲望而实现农产品交换的活动。它是一个比农产品运销更为广泛的概念,农产品市场营销要求农产品生产经营者不仅要研究人们的现实要求，更为研究人们对农产品的潜在需求，并创造需求。

任务一 农产品营销的产品策略

一、农产品整体概念与农产品质量标准

1. 农产品整体概念 农产品整体概念指的是供给市场，用于满足人们某种欲望和需求的与农产品有关的生产、加工、运输、销售实物、服务、场所、组织、思想等一切有用物。农产品生产经营企业只有提供产品 3 个层次的最佳组合才能确立农产品的优势市场地位，如图 4-1 所示。

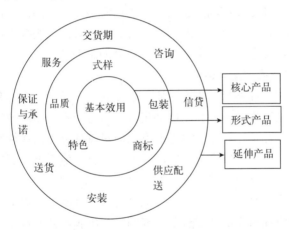

图 4-1 农产品整体概念

（1）农产品的核心产品。农产品的核心产品即消费者购买某种农产品时所追求的基本效用，是消费者真正购买农产品的目的。如消费者购买水果是为了从水果中获取大量的维生素；购买鸡蛋是为了从鸡蛋中获取蛋白质等。消费者之所以购买农产品，是为了获取农产品的高营养价值、好的口感、高水平的卫生安全性及无污染的优质绿色农产品，需要的是农产品的基本效用。因此，营销人员的营销目的也主要是向消费者介绍农产品的基本效用，从而达到销售

的目的。

（2）农产品的形式产品。农产品的形式产品是农产品核心产品实现的形式，是向市场提供的农产品实体的外观表现。主要包括农产品质量、特征、形态、品牌和包装。农产品质量是决定农产品畅销与否的最关键因素。农产品的特征、形态、品牌和包装也起到了重要作用。

（3）农产品的延伸产品。农产品的延伸产品也叫农产品的附加产品，是消费者在取得或使用农产品过程中所能获得的形式产品以外的利益。包括提供农产品的信贷支持、咨询与服务等。比如，农民购买种子前进行的介绍和栽培技术指导；购买大型农机具时申请贷款或国家相应补贴政策的使用；农产品或畜产品的分级、切割、保鲜工作，建立良好的配送服务等售后服务体系。因此，良好的服务是整体农产品中日益重要的一部分。加强农产品服务不仅能够增强农产品的竞争力，还能够提高农产品的附加值。

2. 农产品质量与标准

（1）农产品质量。农产品质量是反映农产品满足明确和隐含需要的能力的特性总和。为了能够定性定量地用农产品质量特性来具体反映农产品适用性，一般把农产品质量特性分为内在特性、加工特性、感官特性、安全卫生状况及使用的指标值五类。而农产品标准化体系也对质量有明确要求，详见表4-1。

（2）农产品标准。农产品标准是对农产品质量、规格及与质量有关的各方面所作的技术规定、准则。我国农产品大致分为普通农产品、绿色农产品、有机农产品和无公害农产品。

普通农产品的标准要说明标准所使用的对象、规定农产品商品的质量指标及各种具体质量要求、规定抽样和检验的方法、规定农产品的包装、标志及保管、运输、交接验收条件、有效期等。

绿色农产品是遵循可持续发展原则，按照特定生产方式生产、经专门机构认定、许可使用绿色农产品食品标志的无污染农产品。我国绿色农产品分为A级和AA级。A级为初级标准，即允许在生长过程中限时、限量、限品种使用安全性较高的化肥和农药。

表 4-1　农产品标准中的质量要求内容

质量特性	质量特性要求	示　例
性能	使用性能要求	新鲜度、干重、储存方法等
	外观和感官性能要求	色泽、气味、食味品质、手感、包装等
	理化性能要求	直链淀粉、胶稠度、糊化温度、蛋白质、食味、容重、硬度、矿物质含量、营养成分等
可靠性	可靠性要求	保质期、保鲜期、货架期等
安全性	安全要求	农药残留量、重金属含量等
	卫生要求	砷、汞、镉、铅、亚硝酸盐等限量卫生标准，致病菌、传染病、寄生虫等
	环境保护要求	大气、水质、土壤污染限制等
适应性	环境条件要求	温度、光照、水体、大气等
	稳定性要求	对酸害、盐害、冷害、热害的反应，耐储运性、耐储藏性、耐病性等
经济性	投入品要求	水、电、肥料、饲料、添加剂、农药、兽药、渔药、疫苗和其他农业生产资料等

AA 级为高级绿色农产品。绿色食品标志是由绿色食品发展中心在国家工商行政管理总局商标局正式注册的质量证明标志。它由三部分构成，即上方的太阳、下方的叶片和中心的蓓蕾，象征自然生态；颜色为绿色，象征着生命、农业、环保；图像为正圆形，意为保护。AA 级绿色食品标志与字体为绿色，底色为白色，A 级绿色食品标志与字体为白色，底色为绿色。整个图形描绘了一幅明媚阳光照耀下的和谐生机景象，告诉人们绿色食品是出自纯净、良好生态环境的安全、无污染食品，能给人们带来蓬勃的生命力，如图 4-2。

　　有机农产品是纯天然、无污染、安全营养的食品，也可称为"生态食品"。它是根据有机农业原则和有机农产品生产方式及标准生产、加工出来的、通过有机食品认证机构认证的农产品。在农业

A级绿色食品标志

AA级绿色食品标志

图4-2　绿色食品标志

能量的封闭循环状态下生产，全部过程都利用农业资源，而不是利用农业以外的能源（化肥、农药、生产调节剂和添加剂等）影响和改变农业的能量循环。有机农业生产方式是利用动物、植物、微生物和土壤4种生产因素的有效循环，不打破生物循环链的生产方式。按照农业部发布的行业标准，AA级绿色食品等同于有机食品。

　　无公害农产品是产地环境、生产过程和产品质量均符合国家有关标准和规范要求，经认证合格，获得认证证书并允许使用无公害农产品标志的未经加工或者初加工的农产品。执行的是国家质量监督检验检疫总局发布的强制性标准，及农业部发布的行业标准。

二、农产品包装策略

　　1. 农产品包装的含义　农业部2006年10月颁布的《农产品包装和标识管理办法》明确指出，农产品包装指对农产品实施装箱、装盒、装袋、包裹、捆扎等活动。农产品包装作为农产品加工的延续，是基础科学与应用科学的结合。良好的包装应该既反映产品的内在质量，又拓展产品的外在形象。一般说来，商品包装应该包括商标或品牌、形状、颜色、图案和材料等要素。比如农产品采用一些材料包装，真空塑料类的有利于农产品保鲜，盒装的有利于保护产品在运输等过程中遭到破坏，包装的颜色、材料、美观程度等是否给消费者规范、安全卫生感。通过农产品包装，既能保护商品、方便物流，体现商品的质量和价值，又能增加农产品的市场竞争力，提升附加价值，促进销售。在现代的营销体系中，包装被赋予了更多的意义，已成为产品策略的重要因素，有着识别、便利、美化、促销和增值的功能。包装已成为有力的营销工具。

2. 农产品包装策略　包装的关键最终综合反映在包装策略上，不同的包装策略会带来不同的营销效益。

（1）等级包装策略。即按照产品的价值、品质，分成若干等级，并实行不同的包装，使包装与产品的价值相称。比如优质包装与普通包装，豪华包装与简易包装等，有利于消费者辨别产品的档次和品质。它适用于产品相关性不大，产品档次和品质比较悬殊的企业，其优点是能实现产品的特点，并与产品质量协调一致；缺点是增加包装设计成本。

（2）组合包装策略。根据消费者的购买和使用习惯，把相互关联的多种商品纳入一个包装物中同时出售。例如，有的蔬菜生产者将不同种类的蔬菜放在同一个包装箱中，不但使顾客有了品尝各种蔬菜的机会，也扩大了蔬菜的总体销售量。再如，北京的几家特菜和特禽生产企业联合推出组合包装，将几种特菜产品和特禽产品混合放入同一个包装箱中，做到荤素搭配，这样既便于消费者食用，又扩大了产品的总体销量。同时，这种策略还能帮助新产品上市，有助于顾客接受新产品，尽早习惯并使用新产品。采用这种包装策略时不能把毫不相干的农产品搭配组合在一起。

（3）复用包装策略。指在原包装的产品使用完后其包装物还可以做其他用途。这样可以利用消费者乐于一物多用的心理，使他们得到额外的使用价值；同时，包装物在使用过程中也可起到广告宣传作用，诱发消费者购买或引起重复购买。

（4）附赠品包装策略。这是指在商品包装物内附赠给购买者一定的物品或奖券，起到扩大销售的目的。如某牛奶包装上附有兑奖券就属于这种策略。附带赠品包装策略是流行于西方国家的一种重要包装策略，其实质是一种让利行为，因此，经常受到中低收入者的欢迎。企业在采用这一策略时要量力而行，同时考虑法律法规的限制。

（5）一次性包装策略。即根据消费者的使用习惯和携带便利而设计的包装，如袋泡茶、小袋咖啡等。

（6）透明包装策略。这是指用透明包装材料，能看清部分或全部内装商品的实际形态、新鲜度和色彩，使顾客可放心选购。透明包装是一种备受消费者欢迎的包装形式，如超市中销售的蔬菜、水果和水产品等，多数采用了简单透明的包装策略。

【案例】 过去四川榨菜是以大罐的方式运到上海销售，获利极小，而上海人将大罐改为中罐出售，价格马上翻了一番，香港人买去后改为小罐出售价格再翻一番，日本人买去后，破罐、切丝改用铝箔纸、小包装出售，销量又翻几番。后来四川人终于精明起来，自己切丝加工改用铝箔纸、小包装，肥水终于不再外流。

由此可见，企业应根据不同的市场环境、不同的产品和不同的消费者，实施不同的包装策略，鼓励和引导城乡居民消费，注重产品包装对带动市场的作用。例如中国出品的"芭蕾"珍珠膏，在每盒珍珠膏包装盒内附赠一支带珍珠的别针，消费者每购买10盒珍珠膏，就可得到50粒珍珠，将它串成一串高雅的珍珠项链。当然，包装也要经常改变策略，以顺应消费者的需求。

资料来源：编者采集

三、农产品品牌策略

1. 农产品品牌的含义 农产品品牌是用以识别某个销售者或某群销售者的农产品或服务，并使之与其竞争对手的农产品或服务区别开来的商业名称及其标志，通常由文字、标记、符号、图案和颜色等要素或这些要素的组合构成。品牌是一个集合概念，它包括品牌名称（brand name）、品牌标志（brand mark）两部分。其中，品牌名称是指品牌中可以用语言称呼的部分，如蒙牛等；品牌标志是指品牌中可以被认出、易于记忆但无法用语言称呼的部分，通常由图案、符号或特殊颜色等构成。

2. 农产品品牌策略 品牌策略是整个产品策略重要的组成部分，为了使品牌在市场经营中更好地发挥作用，必须采取适当的吊牌策略。品牌策略主要包括以下 4 种。

（1）品牌有无策略。产品是否使用品牌，是品牌决策者要回答的首要问题。创立品牌虽然对企业有很多好处，但并不是所有的产品都需要使用品牌。以下情况可以不使用品牌。

① 某些产品本身不可能在加工制造过程中形成一定的特色，不易和其他企业的同类型产品相区别，如电力、煤炭等。

② 生产简单，没有一定的技术标准、选择性不大的产品，如扫帚、簸箕、粮囤等。

③ 某些临时性或一次性生产的、消费者不是凭产品品牌决定购买的产品。

（2）品牌归属策略。如果企业决定使用品牌，则面临着的是使用企业自己的品牌还是使用别人品牌的决策。对于实力雄厚、生产技术和经营管理水平俱佳的企业，一般都使用自己的品牌，传统上绝大多数生产者也都使用自己的品牌。使用其他企业的品牌，如可以使用特许品牌或中间商品牌，这样做可以节约建立品牌的成本，降低品牌不成功带来的风险，但也会出现没有自己的品牌而受制于品牌拥有者。

（3）品牌名称。企业决定其生产的各种不同产品，是使用一个统一的品牌，还是不同产品分别使用不同品牌的活动，就是品牌名称策略。这可以分为 4 种情况。

① 统一品牌。统一品牌即企业所有的产品都统一使用 1 个品牌。统一品牌策略的优点在于可以扩大企业的影响，解除顾客对新产品的不信任感，节省品牌的设计费和广告费等。需要注意的是，只有该品牌已经在市场上享有较高声誉，而且各类产品质量水平相同时才可以使用。

② 个别品牌。个别品牌，即企业根据商品的不同质量、特点，分别采用不同的品牌。其优点是能严格区分不同质量水平的产品，便于消费者识别和选购所需要的产品，当个别产品品牌信誉不好时，也不至于波及整个企业。但采取这种策略管理上难度大，品牌设计和广告费用加大。

③ 同类统一品牌。同类统一品牌即对同一大类产品采用同一品牌，不同的产品大类品牌不同。采用这种策略主要是因为企业生产或销售许多不同类型的农产品，如果都统一使用一个品牌，这些不同类型的农产品就容易相互混淆。

④ 企业名称与个别品牌名称并用，即在不同的产品上使用不同的品牌，但每一品牌之前冠以企业的名称。优点是既可以使农产品益于企业已经建立起来的信誉，又可以反映每一种农产品的特色。

（4）多品牌策略。多品牌策略是指企业同时生产经营两种或两种以上互相竞争的品牌。只要被商场或超市接受，多种不同的品牌就可以占用更大的货架面积，吸引更多的顾客。因为大多数消费者都是品牌转换者，发展不同的品牌才能有机会赢得这些品牌转换者，提高企业的市场占有率。

任务二　农产品营销的定价策略

价格通常是影响产品销售的关键因素。企业营销活动能否成功，在一定程度上取决于定价的合理性，企业的定价决策就是把产品定价与企业市场营销组合的其他因素巧妙地结合起来，定出最有利的产品价格以实现企业目标。因此，定价策略是企业争夺市场的重要武器，是企业营销组合策略的重要组成部分，农产品营销的定价策略是农产品市场营销中的关键内容之一。

一、新产品定价策略

在激烈的市场竞争中，企业开发的新产品能否及时打开销路、占领市场和获得满意的利润，这不仅取决于适宜的产品策略，还取决于其他市场营销策略手段的协调配合。其中新产品定价策略就是一种必不可少的营销策略。一般来说，新产品定价有以下两种策略。

1. 定高价策略　定高价策略是在产品生命周期的最初阶段把

产品的价格定得很高，以获取最大利润，犹如从鲜奶中撇取奶油。企业之所以能这样做，是因为有些购买者主观认为某些商品具有很高的价值。从市场营销实践看，在以下条件下企业可以采取撇脂定价策略：首先，市场上有足够的购买者，他们的需求缺乏弹性，即使把价格定得很高，市场需求也不会大量减少；其次，高价使需求减少，因而产量也相应减少，单位成本增加，但仍然能给企业带来利润，第三，在高价情况下，仍然独家经营，别无竞争者，因为在短期内仿制很困难，类似仿制品出现的可能性很小，竞争对手少。

2. 定低价策略　是企业把创新的新产品价格定得相对较低，以吸引大量顾客，提高市场占有率。采用渗透定价策略的条件是：首先，产品的市场规模较大，存在着强大的竞争潜力；其次，产品的需求弹性大，稍微降低价格，需求量会大大增加；最后，通过大批量生产能降低生产成本。

二、需求差别定价策略

需求差别定价，也称歧视定价，是指企业按照两种或两种以上不反映成本费用的比例差异的价格，销售某种产品或服务。需求差别定价有以下四种。

1. 以顾客为基础的差别定价　同一产品，对不同的消费者应采用不同的价格和定价方式。其中，有的是由于不同的消费者对同一产品的需求弹性不同，分别对不同的消费者群体制定不同的价格。

2. 以产品改进为基础的差别定价　这种定价法就是对一项产品的不同型号确定不同的价格，但价格上的差别并不与成本成比例。

3. 地域为基础的差别定价　如果同一产品在不同地理位置的市场上存在不同的需求强度，那么就应该定出不同的价格，但定价的差别并不与运费成比例。如我国的传统出口产品茶叶、猪鬃等在国际市场上需求十分强烈，我们的定价就应该比国内高得多。

4. 以时间为基础的差别定价　当产品的需求随着时间的变化而有变化时，对同一种产品在不同时间应该定出不同的价格。

三、折扣定价策略

折扣与让价策略是企业对商品实行降价，减让部分价格，或加赠货品，另给一些津贴的一种定价策略。它给买方以优惠，鼓励顾客购买，争取顾客，借以达到扩大销售目的。主要有以下几种形式：

1. 现金折扣　顾客用现金一次性交付或提前付款的，企业给予其一定的折扣率，鼓励买方用现金交易，减少赊销带来的麻烦和损失，以利加速资金周转。

2. 数量折扣　顾客购买商品达到一定数量时，企业按总数给予不同的折扣率，数量折扣又分为非累进折扣和累进折扣。非累进折扣应用于一次购货，规定购买某种产品达到一定数量，或购买多种产品达到一定金额，给予折扣优待，数量或金额越大，折扣越大。累进折扣是规定在一定时期内，同一顾客购买的商品达到一定数量或一定金额后，给予一定折扣，数量越大，折扣也越大，但折扣数额不可超过因大量销售所节省的费用额。

3. 季节折扣　制造商为了保持均衡生产，加速资金周转和节省费用，鼓励中间商早进货或淡季购买，企业按原价给早进货或淡季购买的中间商一定的折扣。季节折扣适用于季节性强的商品。

四、促销定价策略

促销定价主要包括牺牲品定价和心理定价。牺牲品定价是超市和粮油副食店以少数与人们日常生活息息相关的农产品作为牺牲品，降低价格，来吸引更多的顾客光顾超市，借以增加客流量，带动其他商品销售。如 2010 年 8 月家乐福开展的 COLOR DAY 折扣活动，规定周一至周四分别给予不同的农产品低价促销，分别以"绿蓝红白"为主题色，由此连动式地拉动低价蔬菜四周的高端水果消费。心理定价是企业在制定价格时，运用心理学原理，根据不同类型消费者的购买心理来制定价格，包括尾数定价、高价、习惯定价、分档定价、整数定价和声望定价等。如超市苹果定价为9.96元/千克，是采用了尾数定价法，白灵菇定价20元/千克，则采用了整数定价法。

五、地区定价策略

地区定价策略，是当把农产品卖给不同地区顾客时，决定是否实行地区差异。一般情况下，本地产品在本地销售价格要低一些，异地销售由于各项环节的产生，其价格自然相对高一些。主要地区定价方式有：

1. 产地定价 产地定价指顾客在产地按出厂价购买产品，卖主负责将产品运至顾客指定的运输工具上，运输费用和保险费全部由买方承担。这种定价方法对卖方来说是最简单最容易的。对各地区买主同样适用。主要适于一些鲜活农产品的销售，如蔬菜、水果等易腐农产品。

2. 统一交货定价 不论买主所在地距离远近，都由卖主将货物运送到买主所在地，并收取同样的平均运费。优点在于简便易行，适于开拓异地市场，但对本地和近地区的客户不利。

3. 分区定价 卖方将市场划分为若干区域，分别制定不同的地区价格。例如，山东某大型蔬菜批发基地将其市场划分为北京市场、天津市场、济南市场等不同的区域，分别制定蔬菜价格。

4. 基点定价 选定某些城市作为基点，然后按"厂价＋运费"的方式来定价，运费是从基点城市到消费者所在地的运费。

5. 运费免收定价 由卖方全部或部分承担运费，买方只需支付农产品价款。但前提是销售存在规模经济，规模经济可以降低农产品的平均成本，将运输成本进行内部消化。

任务三 农产品营销的渠道策略

一、农产品营销渠道的含义

农产品营销渠道指农产品从生产者向消费者转移过程中的路线

和途径，即商品实体形态的运转路线和所有权的转移过程。有人认为一条营销渠道包括某种产品产供销过程中所有的企业和个人，如原料供应商、生产者、中间商、辅助商（运输企业、公共货栈、广告代理商、市场研究机构等）以及最终消费者和用户。也有人认为，一条营销渠道主要包括中间商、生产者和消费者（具有交易职能的中间商联络通道），而不包括原料供应商和辅助商。无论哪一种观点，农产品营销渠道的起点都是生产者，终点都是消费者；农产品在由生产者向消费者转移的过程中，至少要转移商品所有权 1次；营销渠道反映了商品实体运动的空间路线。如小麦由农户卖给当地粮站，再集中运转地方粮库，再转运到中转粮库，再供给面粉厂。

本节中将农产品营销渠道分为农产品直接销售、农产品间接销售、农产品网络营销及其他营销方式。

二、农产品直接销售策略

1. 农产品直接销售

（1）直销的定义。生产厂商不经过中间环节直接将产品或服务出售给消费者或用户的营销方式为直销。

（2）采用直销方式的条件。一般来说，企业考虑是否进行直接销售取决于生产与消费在时间、空间、数量上矛盾的大小与企业解决上述矛盾的能力。如果产销矛盾不大，企业能够自行解决，或者自行解决上述矛盾所需花费的费用不太大，可考虑采用直接营销渠道来完成商品销售。

①农产品的条件。体积大、笨重的农产品为减少装卸、运输和贮存费用，可以考虑直销；易损或易腐的鲜活农产品应尽量采用直销；对观光旅游农业的产品及服务是用直销形式提供给游客的。

②生产者条件。生产者具有将产品售予最终用户所需的人力、物力和财力，除了经营管理生产外，还有相当的精力能放在产品销售上，而且有能力承担市场风险才可选择直销；能弥补因交易次数增多和成本增多带来的损失，如谈判交易费用、市场信息咨询费

等，所得大于支出时才能选择直销；能有效覆盖目标市场，才能以销促产。

③其他条件。如竞争商品的销售渠道、空间便利条件及潜在购买者的性质等。

【案例】北京市平谷区大桃协会成立于1998年，由当地区政府搭台兴办的农民专业合作经济组织用来指导生产，建立生产与销售的产业链，通过跑市场，抓销售，协助农民进入流通领域，解决了大桃销售问题。

该区大桃协会成立了市场开发部，主要负责到国内一些大中城市进行实地销售，这一销售渠道减少了中间环节，提高了收购价格，提高了农民收入。平谷大桃协会始终坚持服务于农民，让利于农民的原则，由于实行产地起码光彩，在收购价格上每千克总要高出0.4～0.6元，带动了全区大桃总体售价的提高，避免了外地客商压价收购。据估计，农民每年至少可增加收入2 000多万元。此外，协会还与城八区的20多家商场，还有超市建立了场地直销业务，有效带动了全区大桃销售工作的开展，促进了平谷区大桃产业的发展。大桃生产已成为山区、半山区农民致富的主要途径。

资料改编自：新华网，20个平谷大桃直销店正式在北京城八区挂牌　http://www.bj.xinhuanet.com/bjpd-cj/2009-07/29/content_17240518.htm

2. 农产品订单直销　订单直销是由农产品加工企业或最终用户与生产者在安排生产之前直接签订购销合同的直销形式。由于市场变化大，行情不稳定，若产销衔接不好必然影响生产效益和农民收入的提高。订单直销作为农产品直销的一种形式，在发展中也存在不少困难和问题：企业与农民诚信度较低、发展订单农业必须始终注重提高农产品质量、产量受自然环境影响较大的农产品不适合订单农业、市场变化大的农产品无法开展订单农业、对于较大订单，签订企业负担较重。

【案例】四川省白沙镇充分利用高山气候优势，大力发展米椒订单农业，带动了农户增收，也为当地农业产业结构调整奠定了基础。

家住白沙镇往川坝村的吴大爷，这几天显得特别忙碌，他除了翻耕土地改种米椒外，还要参加技术培训，签订订单合同。

白沙镇以"订单农业"为切入点，引导农民发展品种优质的米椒，以订单种植、保价回收的方式解决农民种得多、销售难的问题。在信息扶持的基础上，还邀请农技人员对铝材户进行手把手指导，确保高产高收，实现农业增效、农民增收的目标。

资料改编自：http：//www. baike. com/wiki/％E7％99％BD％E6％B2％99％E9％95％87［％E5％9B％9B％E5％B7％9D％E7％9C％81％E5％8F％B0％E5％B1％B1％E5％B8％82］

3. 农产品观光采摘直销　观光采摘直销就是通过游客观光、采摘、垂钓等方式直接推销自己农产品和服务的一种直销形式。这是一种以农业和农村为载体的新型生态旅游业。随着收入的增加、闲暇时间的增多，观光采摘直销应运而生。在观光采摘直销中，通过举办采摘活动或举行开节仪式，可吸引大批中外游客和多家宣传媒体的到来，从而提高了本地区的知名度，对本地区农产品的销售及经济发展状况起到广告宣传作用；另外通过观光、采摘等活动带动了本地区其他产业的同步发展，促进其农业产业结构的调整。但具体操作起来有以下几方面的问题需要特别注意：观光农业的优质服务和新奇的产品是扩大销售的重要因素、观光农业要突破季节性的限制、改善观光农业的外部环境、提高观光农业经营档次。

【**案例**】北京营坊昆利果品专业合作社成立于 2007 年 9 月，是一家种植苹果、樱桃、草莓、葡萄、梨、柿子等多种水果的农民专业合作社。近年来，合作社着力开展观光采摘业务，吸引了很多市民前来采摘观光，并以此带动了合作社产品的销售。该合作社主要以苹果为主要产品，同时也经营樱桃、草莓等产品。采摘园内的樱桃品种有五六种，在樱桃园，很多前来观光采摘的市民品尝了酸甜可口的樱桃后纷纷购买。产品的销售一方面取决于过硬的质量，另一方面取决于正确的营销策略。

通过观光采摘的产品，比市场上的产品价格更高一些，例如樱桃，市场上价格为 40～60 元/千克，而观光采摘价格则可翻倍。尽管如此，很多市民仍旧选择在周末或节假日来到采摘园，体验采摘的乐趣。

根据采摘团队的大小来划分，100 人以上的团队，采取分户、分片采摘，由合作社统一价格，统一管理；100 人以下的团队，根据顾客需求选择种植面积、果品质量来分配采摘。去年，合作社共为农户安排采摘销售 150 次，实现收入 94 万元。

合作社从一开始就坚持走品牌化道路，提出"以精品销售为主，大力发展观光采摘"的总体销售思路，注册了"蟒山天池"果品商标，取得有机食品认证，并建立了自己的网站。美化果园也是提高销售的重要手段，在提高农产品品质的同时，创建优美的环境，可以让游客开心而来，满意而归。

资料改编自：http://www.xzbu.com/8/view - 3618062.htm

4. 农产品零售直销　零售直销一些鲜活的农产品如蔬菜、水果、水产品等，生产者在田间、地头、农贸市场直接把产品出售给消费者，或直接把农产品送到客户（旅馆、饭店）手中，都属于这种直销形式。直销中，生产者和消费者都处于主动地位，不仅保证了生产者的收入和消费者的合理支出，还保证了农产品的鲜活性和少损耗。当然，这种销售方式要求生产者具备一定的销售能力和承担市场风险的能力。

在农产品直销中由产品的生产者直接销售产品，这些生产者在市场上推销产品就是直销商。直销商应具备良好的思想道德素质、良好的服务态度，并不断提高商业服务技能，研究不同顾客的心理，并且具备一定的文化知识。此外，在农产品直销操作中还有许多问题直接影响农产品销售的质与量。如农产品本身质量的保证，农贸市场的建设以及信息反馈及时等问题都非常重要。

三、农产品间接销售策略

农产品由生产者转移到消费者的方式可以直接实现，也可以间接实现。现如今，在市场经济的社会里，间接地将农产品所有权、经营权转换主体，最终到达消费者手中，已经成为普遍形式。直接与间接的营销方式并存，而后者在市场经济中占有重要地位。当农民将农产品转给第三方时，就是间接销售。因此，农产品间接销售指连接农产品生产者与消费者的中间商，包括取得产品所有权或帮助转移产品所有权的企业或个人。如分销渠道的代理商和分销商；或从是否具有经营权来区分的独立的中间经营供应商或代销商；或根据是消费市场还是产业市场来区分为前者批发商、零售商；后者销售代理商或批发代理商。农产品间接销售的形式主要有以下几类。

1. 农产品代理商　广义的代理指代理人以自己或被代理人的名义，代理被代理人与第三人实施民事法律行为，其后果直接由被代理人承担。狭义的代理仅指直接代理，代理商一般分为独家代理与多家代理。独家代理是厂商或供应商在某一市场的独家权利，厂家的特定商品全部由该代理商代理销售。多家代理是厂商不授予代理商在某一地区、产品上的独家代理权，代理商之间无区域的划分，都可以为厂家经营订单，而厂家也可以在所在区域或各地直销或批发产品。这种代理商主要靠产品的市场影响力进行销售。

2. 农产品经销商　生产者指定特定公司为某产品交易的中间商，双方签订合同，生产者提供产品，由该中间商进行销售。在农产品的中间商中，经销商，特别是独家经销商很少见，因为它更适合一些耐用消费品。

3. 农产品经纪人　是以合法身份在市场上为买卖双方充当中介并收取佣金的商人。经纪人的出现是社会分工的结果，也是商品经济社会商品交换的需要。随着市场经济的发展，我国农村的农产品交易市场上出现了许多经纪人，推动了农村经济的进一步发展。

四、农产品营销的其他策略

除上述策略外，农产品营销还有其他的销售方式，如农产品超市营销、农产品期货交易及农产品拍卖交易等。农产品期货交易是在现货交易的基础上发展起来的，是通过在期货交易所买卖标准化的期货合约而进行的一种有组织的交易形式。农产品拍卖交易是通过现场公开或密封出价拍卖，将组织来的农产品逐批次限期拍卖给最高应价者。主要包括电子拍卖和传统离线拍卖。

【案例】2014年10月23日，上百名买家和卖家参加了"国际水果与国产农产品拍卖会"，这是国内首次农产品拍卖。

在上海西郊国际农产品交易中心的拍卖现场，旺园草鸡合作社董事长陈印权将拍卖卡插入桌子中间的卡槽，戴上耳麦，按照拍卖师的提示一步步操作起来。此时，拍卖厅前方的大屏幕上显示当前拍卖的是美国红提，开拍价24元/千克。"这是最高价，电子屏自动逐步往下调，调到竞拍者的心理价时，竞拍人就可以按下桌上的按钮，表示他要拍。然后直接对着耳麦报自己要几箱，拍卖师就直接将已卖箱数和剩余箱数都反应在电子屏幕上。"现场总指挥肖堃表示，这样的拍卖形式，所有的交易信息都是公开公正的。本次首拍结束时，成交品种数十个，成交笔数24笔，成交总金额141 425元。

资料改编自：东方网，http：//sh.eastday.com/m/20141030/u1ai 8419630.html

任务四　农产品营销的促销策略

一、农产品促销的概念

农产品促销（Promotion of Agricultural Products）是农业生产经营者运用各种方式方法，传递产品信息、帮助与说服顾客购买本企业或本产地的产品或使顾客对该品牌产品产生好感和信任，以激发消费者的购买欲望、促进消费者的消费行为，从而有利于扩大农产品的销售等的一系列活动。

目前，品牌、广告、博览会、公关新闻报道等都成了农产品促销的常用方法。随着互联网（Internet）的逐步普及，许多产地也开始实行网上宣传产品、理集和发布供求信息，广告费用不高且效果好，体现了一种全新的农产品促销方式。

与工业品的促销活动相比，农产品促销活动主要由规模较大的专业户、龙头企业、农产品流通组织或政府来实施，促销的产品具有产地化、差异化和个性化特征，从促销的手段上看，农产品促销形式多样。

【案例】拥有140家门店、1 000多个供应商的民润超市，其果菜等大部分货品由中农网网上平台撮合、配送。

中农网构筑的"网上布吉农批"突破了深圳农批市场的空间局限，未来数年，中农网网上农产品交易金额将占布吉农批交易总额的20%。中农网已成为国内农业信息化的领军平台，迄今已为各地政府、企业建设了100多家农业信息网站，并使之互联互通，实现网上交易。

为方便企事业单位在元旦、春节期间的农副产品大宗采购，中农网开展农副产品"节日团购"活动，客户只需在网上提交采购商品订单，市场将及时按要求送货上门。

中农网总经理齐志平表示，中农网打造的是务实的电子商务模式，针对企业产销历史形成的客户关系对现有农副产品业务流程中易于采用电子商务模式的部分，来进行改造和提升，从而降低交易成本。未来10年，农产品批发市场的发展方向之一就是在更大范围内实现信息交换和共享。中农网的"鼠标＋大白菜"务实、有效，提前挖到了农产品电子商务的"真金"。

资料改编自：农产品电商成功案例，http：//www. ishuo. cn/show/119603. html

二、农产品促销策略

1. 人员推销与农产品促销 随着农业产业化的发展、城乡农产品运销员队伍的壮大，人员推销已经成为农民和农业企业对农产品进行促销的重要手段。

国内农产品的人员推销类型主要有以下3种。

（1）农民本人作为推销员，直接销售产品。如城郊和乡下的一些农业生产者在城市的农贸市场向市民出售农产品。

（2）城乡中介推销员。这些农产品流通中介运销员主要是一些农民贩运户、经纪人、个体营销户，他们走南闯北，为我国的农产品流通做出了突出贡献。

（3）农民专业协会或龙头企业的专门推销员。这类推销员一般受过专门技术训练，也有固定收入，推销能力较强，是农产品人员推销队伍中的骨干力量。

在农产品营销活动中，销售人员使用多种方式，对消费者、生产用户和中间商三种推销对象进行推销。在推销过程中一般采用试探性策略、针对性策略、诱导性策略、"爱达"（AIDA）公式策略等。

【案例】又到一年"橙"熟时。一枚精心包装的冰糖橙和一位洞悉商业智慧的营销天才，巧妙地描述了一个切合时代脉搏的励志故事，85岁老人在跌倒之后选择二次创业并最终取得成功。这种故事的背后，是农产品营销的一种创新。

品牌是有温度的。讲故事，可以让购买者感受到品牌的温度。如果没有褚老用生命种橙子的精神，所有的一切"美丽的误会"都是空的。我们将从讲故事开始，叙述那些创造财富的人物，感悟一番有关营销的真谛。

生鲜电商"本来生活"成功将褚橙打造成了"励志橙"，获得了商业上的巨大成功。如今的"褚橙"，其声名已远远盖过它的本名"云冠橙"，而伴它一起走红的还有一个人（褚时健）和一段非常传奇的故事。

曾经的"烟王"褚时健75岁二度创业，承包了2 000亩荒山创业，85岁时他的果园年产橙子8 000吨。一杭州水果业内人士曾向媒体透露，2008年以前，这个品种的冰糖橙在云南的收购价只是几毛钱1千克，在杭州地区的售价约5元/千克，销量很平淡。随着王石、潘石屹等知名人士在微博上力捧，"褚橙"的传奇故事引爆公众话题，并被誉为"励志橙"。目前，"褚橙"的市场售价约为108～138元/箱（5千克），而且不愁销路。

资料改编自：http：//paper. sdkjb. com/shtml/sdkjb/20141224/

69569. shtml

2. 广告与农产品促销　在农产品供求信息的发布和各种新产品的促销中，广告起到了很大作用。但是广告费用大，受农业企业费用承受能力所限，在媒体的选择上，农业企业一般采用电视或全国性媒体做广告的不多，大都利用地方性报刊、电台传播广告信息。只有国家市场管理部门才利用中央电视台、全国性报刊或电台定期发布全国各地农副产品的供求信息。

对农业企业来讲，采用广告促进农产品销售应当考虑产品供应量大小、产品销售利润和广告投入的收效。小生产者推销农副产品仍沿袭实物展示和叫卖等原始促销形式。一般农场或专业化农产品服务组织销售产品都采用传统的合同定购或集市贸易方式。只有那些称得上龙头企业的农产品生产基地、大公司或加工企业，才有实力实施广告促销。

3. 推广与农产品促销　营业推销的方式灵活多样，每个农业企业不可能全部使用。这就需要农业企业根据各种营销方式的特点、促销目标、目标市场的类型及市场环境等因素选择适合本企业的营业推广方式。农业企业在运用营销推广时，必须确定目标、制定方案、实施和控制方案、及时评价结果。营业推广是企业开展的一项促销活动，要想取得预期效果，就必须按一定的流程进行。一般来讲，首先要确定营业推广目标，然后制定营业推广方案，接着进行试验、实施和控制营业推广方案，最后评估营业推广效果。

4. 公共关系与农产品促销　公共关系一般包括主动公关宣传和被动公关宣传。公共关系主要通过以下几种主要方式来实现：

（1）塑造企业形象。企业形象的传播，一个重要的方面是要通过全体职工的言谈举止来塑造的。社会各界从与之交往的企业职工身上，可以感受到该企业的形象。

（2）参与社会活动。企业是社会的一分子，在从事生产经营活动的同时，也应积极参与广泛的社会活动，在广泛的社会交往中发挥自身作用，从而赢得社会公众的爱戴。

（3）利用新闻媒体。利用新闻媒体宣传企业及其产品是企业乐意运用的公关手段。新闻媒介宣传是一种免费广告。由大众传媒进行的宣传，具有客观性或真实感，消费者在心理上往往不设防。传媒客观性带来的社会经济效益往往高于单纯的商业广告。

（4）组织宣传展览。企业可通过组织编印宣传性的文字、图像材料，拍摄宣传影像带以及组织展览等方式开展公共关系活动，通过一系列形式多样、活泼生动的宣传，让社会各界认识企业、了解企业，从而达到树立企业形象的目的。

任务五　农产品绿色营销策略

一、绿色营销的内涵

"绿色"的含义是多方面的，既不能简单地认为"绿色＝植物＝农产品"，也不能将绿色理解为"纯天然""回归自然"的代名词，它泛指保护地球生态环境的活动、行为、计划、思想和观念等。绿色营销（Green Marketing）是指企业以环境保护和生态平衡理念作为其经营哲学思想，以绿色文化为其价值观念，把消费者利益、企业利益、社会利益和环境利益四者有机结合统一起来的有利于人类社会可持续发展的一种新型的营销活动过程。

【案例】随着 2010 年海南国际旅游岛的建设，白沙绿茶成为了海南特产之一。

白沙绿茶产于海南省白沙黎族自治县的国有白沙农场，当地特有的自然环境成就了它的独特品质。产茶区方圆 10 千米的陨石冲击坑中矿物质达 50 多种，气温适宜，年均降水量 1 725 毫米，是天然产茶之地。是海南省唯一一家进入中国茶叶百强的茶叶企业。

在生产过程中，茶毛虫是对茶叶影响非常大的一种害虫，如喷洒农药会影响茶叶品质，而在 20 世纪 70～80 年代以前，也没有什么农药可使用。有一年，茶厂职工在作业时发现了部分茶毛虫染病死亡，于是就把这些死亡的茶毛虫收集起来，泡水，等到来年在茶园喷洒，让新生的茶毛虫幼虫也染病，从而防治虫害，再收集染病的茶毛虫，待来年使用。

白沙茶农经过上百年的经验积累，形成了一套"古老笨拙"的防治害虫方法。自制"土生物农药"来防治害虫秋末结合施基肥，进行茶园深耕，将根际附近的落叶剂表土清理至行间深埋，减少病虫源。

传统的方法、独特的品质，造就了海南白沙绿茶日益辉煌的绿色营销之路。

资料改编自：白沙绿茶发展研究，海南日报，2015 年 6 月 1 日 B 05 版

二、农产品绿色营销组合策略

1. 绿色产品策略 主要包括开发和生产绿色农产品、发展生态农业和有机农业、做好绿色农产品的分级、加工、包装工作、采用绿色产品标志、创建绿色农产品品牌等策略。

【案例】为了提高海南省冬季瓜菜在国内外市场的竞争力，海南省大力发展绿色食品、有机食品和无公害农产品，积极推进名牌战略。据有关部门统计，海南省已建成万亩以上的瓜果菜基地 20 多个，绿色食品生产和加工企业规模不断壮大。

2015 年 12 月 15 日，海南省 21 家企业 29 个产品被认定为海南名牌农产品，准许使用海南名牌农产品标志。目前，全省规模以上品牌农业企业达到 1 095 家，注册商标的合作社突破 1 000 家。创建省级标准化基地建设示范县 5 个，省级农产品质量安全示范县 7 个。全省认证无公害农产品生产基地 385 个，被批准允许使用无公害农产品标志的有 176 个企业 376 个产品，有效使用绿色食品标志的有 18 家企业 27 个产品，中绿华夏有机食品认证产品 15 个。

资料改编自：海南 21 家企业 29 个产品被认定为省名牌农产品，http://www.renzheng.com/news/rz/20151215/1450364303.html

2. 绿色价格策略 一般而言，绿色农产品的生产对环境和管理要求较高，生产过程所付出的成本较普通产品要高。同时，绿色农产品又需要拥有那些有比较稳定的高收入和一定购买能力的消费群体，他们愿意以较高的价格购买绿色健康产品。据有关资料显

示，德国的绿色食品价格比一般食品高 50％～200％，日本的高 20％以上，而我国无公害蔬菜比普通蔬菜高 5％～10％。在欧美国家，半数以上的消费者在购买产品时要考虑绿色因素，并愿意多支付 30％～100％的费用。另据调查，在发达国家 75％以上的消费者在购物时会考虑消费安全。

在定价策略方面，绿色农产品可供选择的策略如下。

① 薄利多销策略。这种策略一方面可以让更多的消费者买得起绿色农产品，通过提高市场占有率来实现规模经济，从而获得更大收益；另一方面还可以阻止竞争对手的进入，防止同业之间的过度竞争。

② 厚利适销策略。利用消费者求新、求异、崇尚自然的心理，采用"理解价值"来定价，对部分稀缺的绿色农产品采取高价销售的策略。

3. 绿色渠道策略　渠道的畅通是成功实施农产品绿色营销的关键，既关系到绿色农产品在消费者心中的定位，又关系到绿色营销的成本。为此，设计和选择绿色农产品的营销渠道时，一是要考虑绿色农产品的有效配送和快速分销；二是要实现绿色农产品与普通农产品的差异化，体现其"绿色"特征；三是所选定的中间商一般要不经营与绿色农产品相互排斥或相互竞争的非绿色农产品，以使中间商诚心地分销绿色农产品；四是要考虑不同的农产品特性。

农产品的储藏性较差，容易受到污染，因此，在选择销售渠道上必须遵循保鲜、快速的原则，从田头到餐桌的各个环节都要"清洁生产""清洁物流"和"清洁分销"。如使用"绿色通道"保证产地与销地的畅通，采取保鲜交通工具封闭运行，努力降低销售过程中的浪费和污染。对于鲜活农产品或大批量农产品，可在大型农贸批发市场进行批发或与大型零售商店、专业商店签订合同直接销售；对保质期较长的农产品可通过中间商进行销售或利用农民贩运组织进行销售，也可与各地批发商和加工企业签订合同直接销售。

4. 绿色促销策略　绿色促销是指通过绿色媒体，传递绿色产品及绿色企业的信息，从而引起消费者对绿色产品的需求及购买行为。在绿色促销中，绿色广告、绿色公关等具有重要的作用，它们同传统广告、公共关系、人员推销不同，营销人员必须了解消费者的绿色消费兴趣，回答消费者所关心的环境问题，掌握企业产品的绿色表现，通过多种形式展示绿色农产品的优势。农业企业或营销者应大力宣传绿色消费时尚，劝告消费者使用绿色农产品，宣传支持绿色营销就是对社会、自然、他人、未来的奉献理念，提高公众的绿色意识，引导绿色消费需求。

绿色农产品必须加大促销力度，开展适当的促销活动以刺激绿色农产品的需求。可以通过人员推销、广告、公共关系、参加各种展览会、商品交易会，或开发生态旅游和田园旅游，推销和扩大绿色农产品销售范围、举办各种绿色农产品的现场销售咨询活动，直接向消费者讲解、对比绿色农产品的优势或体验促销来促进绿色农产品的销售。

【案例】长白山区绿色产品生产经营企业若想在激烈的市场竞争中占有一席之地，为绿色农产品争得一席之地，除以自然资源优势为依托外还要采取专业化生产，规模化、集团化经营是其必然选择。企业，尤其是中小型企业无时不面临竞争的危机，只有企业间联合起来，组建企业集团，形成规模化、专业化生产，才能降低成本、提高质量、增强实力、实现规模经营效益，从而扩大经营范围、提高市场占有率、树立起良好的产品和企业形象及信誉、提高市场竞争力。从长白山区企业现状看，示范区内现已形成了各种类型的生产经营专业户，其中有生态综合型、果药型、粮药型、林药型、林畜型、菜畜型、加工型等，并形成了几个规模效益的龙头企业，如以丰禾药业集团为龙头的人参及长白山资源转化集团，共研制开发了康龙及景天王等系列产品 85 个，产品畅销国内外；以长白山珍制品厂为龙头的企业集团共开发山菜、蘑菇、果仁系列产品、半成品 20 多个，主要销往日本、韩国等。虽然这些企业已实施了规模化、专业化生产经营、集团化组合，但仍处于集团化发展初期，有许多不完善之处，与同类集团相比仍显实力不足，其营销观念、营销手段和方式还有许多不尽人意的地方。

资料改编自：绿色营销案例：长白山农业区域的绿色营销，http：//wenku. baidu. com/link？url＝H9XOADFTbn7JfXGNr1u SimVmtV6Ge5MaR7YnzrfBoYBQ80u－JQvD＿qgaBrwpKnxmMl-HGaysPa6Vetrcyrww＿e1cCqKfw Rcbybhfh1－P5LlW

【思考与练习题】

1. 农产品营销的产品策略有哪些？怎样应用这些策略？

2. 农产品营销的促销策略有哪些？怎样应用促销策略增加销量创造收入？

3. 农产品营销的价格策略有哪些？怎样应用价格策略增加农业收入？

4. 农产品营销的渠道策略有哪些？怎样应用这些策略为农产品打开销路？

5. 农产品绿色营销策略包括哪些内容？怎样运用这些策略促进农业增效增收？

模块五 农产品分类营销

任务一 粮油作物产品营销

【引例】近年来，食品安全问题频发，送健康礼品成为一种时尚。在各大超市里，泰国香米、五常大米和生态有机米最受大单客户青睐。而在某食品销售网站专设的中秋专区里，有机大米也成为了热销产品，部分商家更是推出"大米礼盒"。中粮集团出品的一种日本进口大米 2 千克卖到 200 元；泰国进口大米礼盒 1 千克装卖到 100 元；在广州珠江新城，一家主打健康概念的餐厅销售的一款 2.5 千克装的有机大米售价为 75 元。但即使如此，大米礼盒依旧热销。主要缘于 3 个方面：健康、实用、包装有档次。无论米还是油，食品天然的健康优势，是市场热销的真正原因。

资料改编自：中国新闻网，http://zgxczs.cnr.cn/snzx/201309/t20130909_513549119.shtml，2013 - 09 - 09

启示：粮油农产品大都与人们日常生活密切相关，是关系到国计民生的必需品，在农产品营销中占有重要地位。

一、稻谷市场营销

1. 稻谷的生产与消费 我国稻谷的播种面积约占我国粮食作物播种面积的 1/4 以上，产量约占全国粮食总产量的 2/5。普通栽培稻谷可分为籼稻和粳稻两个亚种；根据其生长期长短的不同，可以分为早稻、中稻和晚稻 3 类；根据栽种地区土壤水分的不同，可分为水稻和陆稻。稻谷产区主要分布在长江中下游的湖南、湖北、江西、安徽、江苏；华南的广东、广西、福建，以及东北三省，形成明显的南方稻区和北方稻区；其中湖南、广西、江西、广东以及湖北和安徽是全国稻谷种植面积最大的 6 个省、自治区，产量都在 1 000 万吨以上，其播种面积和产量占全国的 2/3 左右，决定着全国稻谷生产的大局。

近年来，稻谷消费量呈上升趋势，其中食用占比大约为 85％；其他消费在个别年份有小幅波动，但总体呈稳定态势。2012 年国内稻米消费需求刚性增长，2012 年国内稻谷消费量约 1 957 千克，同比增 6 亿千克。其中，口粮消费 1 611.5 亿千克，饲料用粮 166 亿千克，工业用粮 136.5 亿千克，其他用粮 43 亿千克。综合预计，2012—2013 年度，我国稻谷总供应量约 2 017.5 亿千克，需求量 1 964.5 亿千克，年度结余 53 亿千克，全年供需形势良好。从品种来看，早籼稻因产量下降，产需略偏紧；中晚籼稻及粳稻目前长势良好，增产存在希望，预计全年供需较宽松。

2. 稻谷市场需求 目前，我国稻谷消费主要包括口粮消费、饲料消费、工业消费、种用消费 4 项。近年来，我国稻谷消费总量稳步增长，需求结构呈口粮消费下降、饲料和工业消费增加的趋势。

3. 稻谷的营销

（1）稻谷的营销渠道。我国谷物营销渠道包括收购渠道和销售渠道。除国有粮食企业外，工业用粮企业、经工商部门批准的各类粮食经营企业，都可直接到农村参与粮食收购。销售渠道包括批发市场、零售市场，批发市场是我国省际商品粮食流通的重要渠道，也是各类粮食企业经营的主要渠道。

（2）稻谷的营销模式。粮食产业化的经营模式始终按照"产业链中各市场主体一体化运作"模式进行操作，主要有"公司＋基地"型、"公司＋相关组织＋农户"型、"龙头企业＋购销企业＋农户"型。

4. 稻谷的市场价格 稻谷市场价格是指反映稻谷价值，由稻谷市场供求决定的价格。稻谷的市场价格具有灵活性、自发性及波动性的特征。目前我国稻谷价格基本上由市场供求关系所决定，但在市场机制不完善的情况下，需要政府的政策调控纠正市场机制的偏差。

二、小麦市场营销

1. 小麦的生产与消费 我国种植的小麦以冬小麦为主，约占全国小麦总播种面积的 85%，主产区集中在华北平原、黄淮海和长江流域的山东、河南、河北、江苏、安徽、四川、陕西、湖北、陕西、甘肃等省份；春小麦则集中在中国北部的寒冷地区，种植面积占全国小麦总面积的 15%，主产区有黑龙江、新疆、内蒙古、青海、宁夏等省、自治区。小麦主产区的种植面积和产量都占全国的 90% 以上，年均播种面积为 23 985 千公顷，年均产量保持在 1 亿吨左右。

一直以来我国都是一个小麦生产大国，即便如此，小麦仍供不应求。我国的小麦进口长期以来占世界小麦进口总量的比重很大，特别是高品质小麦。我国的小麦消费在很大程度上依赖进口。

2. 小麦市场需求 小麦作为主要的粮食产品，其需求受人口数量、经济发展、小麦生产情况、城乡居民收入水平及消费习惯、饮食偏好等多方面因素的影响。

目前我国小麦消费主要包括口粮消费（制粉消费）、饲料消费、工业消费、种用消费 4 项。近年来，我国小麦消费格局呈现制粉消费下降、饲料和工业消费增加的态势。

3. 小麦的营销 我国的小麦主要是以面粉的形式出售给消费者，小麦过去是北方居民的传统主食，但近些年来南方和东部小麦消费水平也有了大幅度的提高。东部经济发达地区小麦消费数量较大，食物消费不再追求解决温饱，而是讲究营养，以精细粮和精细加工产品消费为主。因此，精细加工是影响小麦消费水平的重要因素。而中西部地区主要以原粮消费为主，面粉加工消费量远小于东部沿海地区。

4. 小麦的市场价格 我国小麦市场分为现货市场和期货市场，两种市场价格的形成规律有很大差异。从历史上看，控制我国小麦价格形成的力量主要是政府与市场。

小麦的价格体系：我国小麦价格体系十分复杂，小麦市场的价格体系主要的价格形成均集中在小麦的收购环节，既有政策价格又有市场价格（集市贸易价格，它是产地自由市场价格，直接受市场供求影响）。

三、玉米市场营销

1. 玉米的分类及其商品特点

（1）玉米商品的分类。按品质分可分为常规玉米和特用玉米。常规玉米，最普通、最普遍种植的玉米；特用玉米，除常规玉米以外的各种类型的玉米，包括甜玉米、糯玉米、高油玉米、优质蛋白玉米、紫玉米等。按形态结构和颖壳分，包括硬粒型、马齿形、半马齿形、粉质型、甜质型、甜粉型、蜡质型、爆裂型、有稃型等。

（2）玉米商品的特点。玉米的营养价值高，产品需求量大，作物生长具有一定的地域性和季节性，价格容易发生变动。

2. 玉米的销售策略　玉米的销售策略主要包括提升品质策略、玉米加工化策略、新品种策略及品牌策略。

四、大豆市场营销

1. 大豆的分类及其商品特点

（1）大豆的分类。大豆按种皮的颜色和粒形分为黄大豆、青大豆、黑大豆、其他色大豆及饲料豆。

（2）大豆的商品特征。大豆营养价值高、利用价值高、市场化程度高、生产的地域性较强。其中，东北和黄淮海是我国大豆种植面积最大、产量最高的两个地区。

2. 大豆的生产与供给　美国已成为世界最大的大豆生产、消费和出口国。从国际市场占有率指标来看，美国、巴西、阿根廷三国分列大豆出口市场占有率的前三名，多年以来这三个国家的市场占有率都保持在 85% 以上。

20 世纪 50 年代可以说是我国大豆生产的黄金时期，1957 年我国大豆的种植面积达 1 270 万公顷，年总产量曾超过 1 000 万吨。

进入 21 世纪后，随着大豆种植面积的逐渐增长，大豆产量也不断增加，2005 年达到 959 万公顷，产量也达到了近十几年来的峰值 1 636 万吨。从长期来看，我国一直是大豆出口大国，大豆也一直是我国传统出口创汇产品，从 1996 年我国成为大豆净进口国开始，我国大豆进口量从 2001 年的 1 395 万吨，剧增到 2012 年的 58 380 万吨，成为世界上最大的大豆进口国。

3. 大豆的市场需求　与产量相比，全球大豆消费量年际间波动相对较小。2011—2012 年度全球大豆因旱减产，导致产不足需，产需缺口达到 1 663 万吨，为近半个世纪以来最高缺口水平；2012—2013 年度全球大豆产量恢复性增长后，产需结余由负转正，结余量达到 657 万吨。

4. 大豆的营销策略　大豆的营销主要可以采用新品种策略、调整种植结构策略、品牌策略及产品深加工策略，各种营销策略使得大豆市场前景广阔。

任务二　园艺产品市场营销

【案例】新凤蜜露桃业合作社产品已通过国家有关部门的安全卫生优质农产品认证、无公害认证、有机认证，上海市名牌产品。凭借标准化种植和品牌优势，合作社的水蜜桃价格比一般水蜜桃价格高出 15%。具体做法如下。

（1）对外打品牌、做广告。注册了石笋商标；赞助电视娱乐节目；参加拍卖会，2 个桃子拍出 4 万元。

（2）明确定位，做团购、定位高端市场。

（3）对内注重质量、重视包装。与科研机构合作，提升生产技能。

（4）加强回访，稳定客户群体。建立销售档案，对新老客户回访联系，也便于了解市场动向和消费信息。

（5）有带头人。熟悉水蜜桃行业、熟悉当地桃农，眼界开阔，富有闯劲，对市场的认识敏锐，富有创业经验和社会人脉资源。

（6）建立营销队伍。吸纳了 18 名富有经验的经纪人，电子商务行业的大学生。

资料改编自：建立示范基地，引导农民增收《新凤蜜露桃种植技术的示范与推广》促进了产业发展，http：//www. 360doc. com/content/13/0719/06/3959512_300974986. shtml

一、水果营销

1. 水果的分类及其商品特点

（1）水果的分类。

① 按水果商品习惯分类。

鲜果类，包括柑橘、苹果、柿子、油桃、山楂和鲜枣等；干果类，包括干枣、核桃、栗子、柿饼、松子、瓜子等；瓜类，包括西瓜、甜瓜等。

② 按果实构造分类。

核果类，包括桃、李、杏、梅、樱桃等；仁果类，包括苹果、梨、山楂等；浆果类，包括葡萄、草莓、猕猴桃、柿子等；坚果类，包括核桃、板栗、榛子、松子、山核桃、银杏；柑橘类，包括柑、橘、橙、柚、柠檬等；复果类，包括菠萝、菠萝蜜、桑葚、树莓、面包果等。

③ 按水果加工方法分类。

鲜果类，包括柑橘、苹果、柿子、油桃、山楂和鲜枣等；罐头类，包括菠萝罐头、柑橘罐头、核桃罐头、果酱罐头等；蜜饯类，包括杏蜜饯、红枣蜜饯、梨蜜饯等；冷冻果品类，包括速冻草莓、速冻黄桃等。

（2）水果的商品特征。水果的商品特征非常明显，具有高附加值、市场容量大、生产的地域性和季节性明显、鲜活易腐性及副食品特性。

2. 水果的消费特征与心理

（1）水果的消费特征。消费的层次性明显，消费的多样化和一次购买的少量化，追求品牌和创新，礼品消费越来越受重视，菜肴化消费增加。

（2）水果消费的心理特征。

① 追求"早"的消费心态。早，即想尽早尝鲜，以饱口福，12 月尝草莓、1 月吃西瓜、2 月品伊丽莎白甜瓜、3 月尝樱桃、4 月吃杨梅、5 月品荔枝等。

② 追求尝新的消费心态。近年来一些大中城市水果新品种入市较多，受到消费者的青睐。

③ 追求"名牌"心态。随着人们生活质量的提高，水果消费讲究口味，要求汁多味甜，口感惬意，口碑优良。

④ 追求反季消费的心态。夏瓜冬吃，西瓜、甜瓜在冬季消费十分走俏，成为时尚。

⑤ 追求包装方便漂亮的消费心态。如今，节日中小包装水果花样多，精巧美观，携带方便，十分走俏。水果花篮也悄悄地在市场上兴起，成为走亲访友的好礼品。

3. 水果的生产与消费 我国地域辽阔，地跨寒、温、热三带，地形气候条件复杂多样，果树品种繁多，水果资源十分丰富，从 1993 年开始，我国水果总产量跃居世界第一，超过印度、古巴和美国，水果总产量约占世界的 20%。其中苹果和梨的产量均居世界第一位；全世界有 70% 的荔枝产于我国；葡萄、香蕉、菠萝和猕猴桃的产量居世界总产量前五位。苹果、柑橘、梨、香蕉是我国主要的水果产品，分布在山东、河北、广东、陕西、福建、广西、河南、辽宁、黑龙江、江苏、浙江、安徽、湖北、湖南等省（自治区）。苹果以北方种植为主，其主要产地是山东、陕西、河南和辽宁等省，这几个省的苹果产量占全国苹果产量的 80% 以上；柑橘以南方种植为主，其主要产地是浙江、福建、湖南、广东、湖北、广西、四川等省（自治区）；梨的主要产地是河北、山东、湖北、辽宁、江苏等省；香蕉的主产区是广西、海南、重庆、江西等省（自治区），其中广西是香蕉产量最大的地方。目前已形成以苹果、柑橘、梨、香蕉、桃为主的水果消费结构，这 5 种水果消费量占水果总消费量的 70% 以上，尤其是苹果的消费量占水果总消费量的

30%左右。消费者对健康、天然的果汁等水果加工品消费开始增加，我国的果汁消费量已位居世界第三。

4. 水果的营销策略

（1）产品策略。

① 高品质化策略。随着人们生活水平的不断提高，优质优价正成为新的消费动向。

② 加工化策略。发展水果加工既可以满足市场的需要，也可提高附加值，是水果业发展的新方向、新潮流。

③ 新产品策略。水果消费需求的多样化决定了要引进、开发和推广优、新、特、稀品种，以新品种引导新需求、开拓新市场，应积极研究和开发水果的流行和时尚元素。

④ 品牌策略。要成功打造水果品牌就必须在地域文化以及地域水果的"发展史"上做文章，有计划、有步骤地向目标顾客展示，一步一步地提高水果品牌的美誉度和知名度。

⑤ 包装策略。包装上的每一个新变化都能刺激一种新的消费欲望，要以小包装、精美化、透明化、组合化、多样化的包装，达到扩大销售的目的。

（2）价格策略。

① 水果分等级定价策略。对同类水果进行分级分等，按不同的等级分别定价，会使消费者产生货真价实、按质论价的感觉，比较容易被消费者接受，从而有利于扩大水果销量。

② 针对细分市场定价策略。水果经营者要对全球市场进行细分，根据不同国家和地区消费者收入水平、消费习惯、消费心理等因素的不同，实行区域差别定价。

③ 水果生产周期定价策略。目前，我国的水果还不能保证常年均匀供货，在收获期，水果大量上市，应该采取低价策略促进水果出口；在非收获期，可以根据水果的供给状况适当提高价格。

（3）渠道策略。水果种植者直销渠道，即水果种植者—消费者。水果种植者直接将水果销售给消费者，一般是在水果的种植地距离消费者较近的情况下，种植者在当地的自由市场设摊出售，或与大宗水果消费团体签订合同，按合同销售。另外，也有些省市发展建设高标准旅游观光果园，策划实施观光果园采摘活动，一部分果品直接在地头被消费者买走。可以通过产地批发渠道，产地批发＋销地零售渠道，产地批发＋销地批发＋销地零售渠道，产地批发＋各级中间批发＋销地批发＋销地零售渠道。

（4）促销策略。

① 提高产品质量。促销的最根本目的是在不损害企业整体利益的基础上，快速提高产品或服务在某个阶段的销量，以帮助企业实现经营目标。

② 维护品牌形象。品牌作为营销的利剑，越来越引起企业的重视，许多企业都想以品牌的提升带动营销工作的开展。

③ 保持价格稳定。促销降价必须有技巧，必须保持整体的价格稳定，避免出现消费者"心理失衡"的状况，尽量提高消费者的品牌满意度。

二、蔬菜营销

1. 蔬菜的分类及其商品特点

（1）蔬菜的分类。

① 白菜类。包括大白菜、普通白菜、花菜等。

② 直根类。以肥大的肉质根为产品，包括白萝卜、胡萝卜等。

③ 茄果类。包括茄子、番茄、辣椒等。

④ 瓜类。包括黄瓜、冬瓜、南瓜、丝瓜、苦瓜等。

⑤ 豆类。包括菜豆、豇豆、蚕豆、豌豆等。

⑥ 葱蒜类。包括洋葱、大葱、大蒜等。

⑦ 薯芋类。包括马铃薯、芋头、山药等含淀粉丰富的块茎、块根类蔬菜。

⑧ 绿叶菜类。绿叶菜食用部分以鲜嫩茎叶为主，包括菠菜、芹菜、莴苣、芫菜、茴香、茼蒿等。

⑨ 水生菜类。包括藕、茭白、慈姑、菱角、荸荠等。

⑩ 多年生菜类。包括黄花菜、芦笋、竹笋、香椿、百合等。

⑪ 食用菌类。包括蘑菇、银耳、猴头菇、香菇、黑木耳等。

（2）蔬菜的商品特点。品种繁多、生产的地域性和季节性强、鲜嫩易变质，市场化程度高，生产的适地性较强。

2. 蔬菜的消费特点及其消费趋势

（1）蔬菜的消费特点。追求"早"的消费心理、追求尝新的消费心理、追求反季节的消费心理、追求包装方便漂亮的消费心理、追求绿色食品的消费心理。

（2）蔬菜消费的发展趋势。大路蔬菜逐渐下降，蔬菜消费的地域差异逐渐缩小，对营养、保健型蔬菜的需求增加，对无污染、安全优质的有机蔬菜的需求越来越大，蔬菜消费趋于常年均衡化，向净菜方便型以及蔬菜工业食品型转化。

3. 蔬菜的生产与消费

（1）蔬菜的生产。世界蔬菜生产分布广泛，除南极洲以外的 6 个大洲均有蔬菜生产。其中亚洲、非洲和欧洲是占世界蔬菜产量比重最大的三个生产地区，而亚洲无论从新鲜蔬菜产量还是种植面积来看，都是世界最大的生产地区。亚洲蔬菜产量占世界新鲜蔬菜总产量的 80%～90%，亚洲蔬菜种植面积占世界的 75%～80%，但是亚洲蔬菜生产主要集中在劳动力资源丰富、工资成本低廉的发展中国家，亚洲发展中国家的蔬菜种植面积占世界蔬菜种植面积的 90%以上。中国、印度、意大利、美国等是世界蔬菜主要的生产大国。特别是中国和印度，这两国的新鲜蔬菜产量占世界新鲜蔬菜产量的 70%～80%。其中，中国作为世界最大的蔬菜生产国，其新鲜蔬菜产量占世界新鲜蔬菜产量的 60%左右。目前世界主要种植和生产的蔬菜种类有马铃薯、甘薯、番茄、甘蓝、洋葱、黄瓜、茄子、胡萝卜、辣椒、大蒜、菠菜、青豆、豌豆、芦笋、蘑菇等。在种植的各类蔬菜品种中，马铃薯是最大宗的蔬菜品种，其次是番茄、甘蓝、黄瓜等。

我国蔬菜生产主要分布在山东、河北、河南、江苏、湖北、四川、广东、湖南、辽宁、广西、安徽等省（自治区）。山东省为我国蔬菜生产第一大省，其次分别为河北、河南、江苏、广东、广西等省（自治区）。种植蔬菜品种以大白菜、黄瓜、萝卜、番茄、辣椒、茄子、大葱为主，尤以大白菜的生产最多。大白菜主要的生产省份是山东、河南、河北。黄瓜主要的生产省份是山东、辽宁、江苏、河南、河北和广东。山东黄瓜产量占全国比例最高。萝卜在几个大省的分布比较均衡。茄子生产以山东和河北两省比较高。全国大葱生产主要集中在山东、河南和河北，其他省份产量比例较低。

（2）蔬菜的消费。蔬菜消费量的大小在一定程度上和一个国家的膳食结构有关系。亚洲地区居民大多数是以植物性食物为主，动物性食物为辅的膳食结构，或者动植性食物合理搭配的膳食结构。亚洲地区对蔬菜的消费量大于世界其他地区的蔬菜消费量，是世界上最大的蔬菜消费市场。就人均蔬菜消费量看，亚洲国家人均蔬菜消费量居第一位，北美洲、欧洲分别位列第二和第三位。

我国居民的膳食结构以植物性食物为主，动物性食物为辅。蔬菜在我国居民食物消费构成中所占的比达 33.7%。由于蔬菜的生产供应方式以及居民饮食习惯的复杂多样，各地居民对蔬菜的消费存在差异：城镇居民在蔬菜消费质量上优于农村居民。各类高档菜、进口菜、加工蔬菜的消费主要在城镇，城镇居民购买的新鲜蔬菜中有相当一部分是经过初步加工的蔬菜，如净菜。相比之下，农村居民蔬菜消费方式主要是自给自足，以当地生产的蔬菜品种为主。从消费习惯和烹饪方式上看，北方城市居民蔬菜消费明显高于南方。

4. 蔬菜营销策略

（1）产品策略。蔬菜的产品营销策略主要包括新型产品策略、品牌策略、文化营销策略、产品加工策略。

（2）价格策略。蔬菜由于其供给和市场的特殊性，无法对某产品定制一个稳定的价格，有的产地或批发市场，蔬菜的价格每天都不同，而且一天价格从上午到晚上都不同，但作为蔬菜配送企业，则要化解这部分价格波动给顾客带来的影响。根据企业的产品定出一个相对稳定的价格，高端产品价格不管经历何种因素的影响都确保"稳"和"平"；中低档蔬菜价格则根据产地进行地理价格定价，将企业的运营成本合理计入价格中，由顾客自由选择不同的产品和价格。

（3）渠道策略。蔬菜流通的特点，蔬菜的易腐性、季节性和原料性使得蔬菜流通过程中的保鲜、储存、加工等环节具有重要的地位并具有很强的技术性，贮藏运输的难度大；蔬菜生产的分散性使得蔬菜流通风险大；蔬菜流通过程呈现出由分散到集中再由集中到分散的基本特点。蔬菜的"小生产"和"大市场"之间存在矛盾；蔬菜易腐，蔬菜种植者一般是即采即卖，表现出交易频率高的特征。蔬菜物流渠道类型如下。

农户—农村经纪人—批发市场—农贸市场/超市—消费者。这是目前最广泛的蔬菜流通渠道。但农户和收购商贩关系松散，不确定因素较多。

农户合作组织/龙头企业—农村经纪人—批发市场—农贸市场/超市—消费者。在这条渠道中，合作组织将松散的农户组织起来，通过签订合约，统一组织生产、收购和销售。近年来还出现了"订单农业"，也是一条好的销售渠道。

农户合作组织/生产基地—采购供应商—超市—消费者。在这种流通渠道中，采购供应商连接着生产者和零售者。采购供应商还在整个渠道中传递产品信息，保证渠道畅通，是该流通渠道的核心环节。

农户合作组织/生产基地—超市—消费者。这是目前推广的新型蔬菜流通模式即农超对接。农超对接是一种三赢的模式。

（4）促销策略。目前我国蔬菜人员推销主要依靠农民经纪人和销售大户，但是越来越多的农产品进入超市、专柜销售后，使用现场促销人员显得越来越重要。同时，加强广告促销，通过广告传播市场商品信息，引导消费、甚至创造需求。在报刊、广播、电视、网络媒体或户外等各种场所为蔬菜产品做广告，让消费者了解了蔬菜的营养价值，同时也可以强化消费者对产品的感知度、对企业和品牌产生认可。再有，电子商务突破了时间、空间上的限制，而且成本低廉，比较适合出口企业。

三、花卉市场营销

1. 花卉的分类及其商品特点

（1）花卉的分类。

根据生态习性分类如下。

一、二年生及多年生花卉：一年生花卉包括凤仙花、鸡冠花、波斯菊、万寿菊、半枝莲等；二年生花卉包括三色堇、紫罗兰、桂竹香、虞美人等；多年生花卉包括芍药、美人蕉、大丽花、水仙等。

球根花卉：包括晚香玉、番红花、玉帘、百子莲、君子兰、仙客来等。

宿根花卉：包括芍药、菊花、香石竹、非洲菊、红秋葵、天竺葵、文竹等。

多浆及仙人掌类：包括玉树、豹皮花、吊灯花、仙人笔、芦荟、仙人掌、仙人指等。

室内观叶植物：包括翠云草、铁线蕨、鸟巢蕨、凤尾蕨、苏铁、印度橡皮树、一品红、棕竹等。

兰科花卉：包括春兰、蕙兰、墨兰、建兰、万代兰等。

水生花卉：包括荷花、睡莲等。

木本花卉：以赏花为主的木本植物，尤其指一些乔木。

根据园林用途分类如下。

花坛花卉：包括金盏菊、半枝莲、万寿菊、珍珠梅、凤仙花、一串红等。

盆栽花卉：包括朱顶红、仙客来、倒挂金钟等。

室内花卉：包括棕竹、龟背竹、文竹、君子兰等。

切花花卉：包括月季、百合、马蹄莲、郁金香、满天星、康乃馨等。

观叶花卉：包括花烛、万年青、南洋杉、虎耳草等。

棚架花卉：包括凌霄、紫藤、金银花等。

根据贸易商业习惯分类如下。

盆花类：各种盆花、各种室内观叶植物、观果植物。

切花类：包括月季、康乃馨、切花菊等。

球根类：包括郁金香、风信子、百合、大丽花、香红花等。

盆景类：各种树木、山水盆景。

香科花卉类：包括玫瑰、茉莉、紫罗兰、留兰香、桂花、晚香玉、白兰花等。

（2）花卉的商品特点。时间性、时令性，区域性强、生产周期长，投入高，经济效益高，消费弹性系数较大，对自然资源依赖性大。

2. 花卉消费的特点

（1）人均花卉消费水平较低。与其他国家相比，我国的人均花卉消费水平很低，我国人均花卉消费金额每年仅有 0.7 欧元，仅为世界人均水平的 1/10。

（2）花卉消费市场主要在大中城市。因为城市工商业发达，居民收入水平较高，整体消费水平高于农村。另外，城市居民对精神生活的追求程度要普遍高于农村，对花卉的消费也较多。

（3）消费季节性明显。花卉消费主要集中在节假日，如元旦、春节、劳动节等重大节日，其次情人节、母亲节、教师节等也成为花卉消费的火爆节日。节日花卉消费火爆是我国花卉消费市场的一个显著特征，而又以春节花卉消费为甚，年花卉市场的特征是由于多年的消费习惯形成的。

（4）消费礼品性突出。"买花的人不看花，看花的人不买花"是对我国花卉消费礼品性的形象描述。花卉消费以礼品消费为主，城市居民是最大的潜在消费群体，通过花卉知识传播，引导这一消费群体，将他们升级为参与消费群体，对花卉的生产和消费都有促进作用。

（5）集团消费仍是重点。从消费层次来分析，长期以来形成的以团体消费为主的花卉消费现象虽然发生了较大的改变，但并未发生根本性的变化，集团消费仍是主流。

3. 花卉的生产与消费 近 20 年来，我国花卉业发展迅速，我国花卉业以传统的绿化苗木和工业用花为主，尤其是鲜切花的发展落后，仅占整个花卉业的 10％左右，但花卉出口增长缓慢，呈螺旋式上升趋势。我国对 80 多个国家（地区）出口花卉，出口额较大的国家（地区）主要有日本、荷兰、美国、韩国，出口额居前五位的省份是云南、广东、福建、上海、浙江，五省份出口额占总出口额的 70％以上。

4. 花卉的营销策略

（1）产品策略。

① 产品定位策略。注重花卉产品质量，重视对新品种知识产权的保护。引导花卉产品的组合栽培、水培花卉、易拉罐花卉等新产品消费。注重不同群体的需求差别。

② 品牌策略。花卉从原产品质量到包装质量都应有自己的品牌。目前，不少切花已有分级标准和级别层次，创品牌要求的是花卉本身的内在品质和外观，这是产品营销的核心。

（2）定价策略。一般花卉的定价策略包括节日定价法、分级定价法、服务性定价、折扣定价策略、地区定价策略及心理定价策略。

（3）渠道策略。在现有花卉市场中，花卉从生产基地进入消费者的所有环节及其中介机构，构成了花卉产品的分销渠道。其途径有：生产者—消费者，生产者—零售商—消费者，生产者—批发商—零售商—消费者，生产者—代理商—零售商—消费者，生产者—代理商—批发商—零售商—消费者。

（4）促销策略。在花卉销售中常用的促销方式包括人员推销、营业推广、广告和公共关系。推销人员可以与顾客面对面地接触，及时了解消费者对产品的质量要求、包装式样等反馈的意见，供企业制定生产和销售策略时参考；当生产基地推出某一种新的花卉种类及花色或花店推出新的花卉装饰式样时，可采用营业推广的方式，以有奖销售、让利等销售方式抵御竞争对手；现代花卉企业很注重广告效应，广告具有传递信息、塑造产品形象、诱导和刺激需求等多种功能；花卉企业要通过地方报纸、刊物、广播电台、电视台等媒体宣传市场、扩大市场影响，使人们了解市场、光顾市场。

任务三　畜牧产品营销

【案例】2013年12月，研究生毕业的向平东带着他的销售团队穿梭于各个商会的年会活动上，将自己养殖的土猪肉作为年会的抽奖奖品。通过这样的"圈子营销"，他1个月就卖出了近400头黑猪。营销策略主要如下。

1. 创立品牌掌握定价权。黑猪比普通猪的饲养成本高，因此必须走高端品牌的发展路线。同时创立品牌，设立体验式会所。

2. 土法养猪新法营销，尽管向平东坚持最土的养殖方法，但在营销模式上他却玩起了创新，混起了商会，进行精准的圈子营销，不少企业家当场就下了订单。

给商会组织的年会免费提供黑猪肉作为奖品，表面看是一笔亏本买卖，但实际获益很大，去参加商会年会的都是老板，正是他们的目标销售人群。他们提供一些免费的黑猪肉就能做一次精准的广告投放，当然划算。

对于未来的发展，向平东重点打造电商平台以及会员卡消费模式。此前一直在做"年猪"，明年他们将做到每个礼拜都能给会员配送新鲜猪肉。将来还要在武汉建立3个同品牌的原生态酒店，预计仅酒店一年就能消耗2 000头黑猪。

资料改编自：中国保健养猪网，http://www.1350135.com/html/zhonghe/news/2014/012436836.html

畜牧类农产品生产动物性产品，指将已经被人类驯化的动物，如猪、牛、羊、马、驴、鸡、鸭、鹅、兔、蜂、骆驼等各种禽畜，通过人工饲养、繁殖，利用其生理机能，将植物性产品转化为肉、蛋、奶、毛、绒、皮、丝、蜜等动物性产品。

畜牧业经过30余年的发展已成为我国农业和农村经济中的支柱产业，畜产品消费在中国居民生活消费中占有重要地位。畜牧业具有较高的风险性，畜牧不同于其他行业，不仅要面临市场风险，还要面临疫病风险。此外，畜牧业还有较高的专业性和技术性，畜牧业生态化关系着整个生态系统的平衡与安全。

畜牧类农产品营销是市场营销的一个重要分支。畜牧类农产品营销是畜牧或畜牧相关经营企业开展的创造性的适应动态变化畜牧市场的活动，以及由这些活动综合形成的畜牧商品、服务和信息从经营者流向畜产品或相关服务购买者的社会活动和管理过程。

一、猪肉市场营销

猪肉是百姓生活的必需品，随着我国人民生活水平的逐年提高，我国猪肉产品的增长率也呈稳步增长势头。我国是世界第一大猪肉生产和消费国，猪肉产量占世界总产量的一半以上。猪肉作为养猪生产的终端产品，是我国人民传统和主要的肉食来源。

1. 猪肉市场供给　2010 年我国猪肉产量为 5 071 万吨，预计到 2015 年猪肉产量将达到 5 360 万吨。生猪养殖对饲料消耗量达，因此其主产区都集中在粮食主产区。长江流域、华北、西南和东北地区是我国主要的生猪、猪肉产区和调出区。生猪的主销区为长江三角洲、珠江三角洲和环渤海三大经济圈。长三角地区的猪源来自长江中下游和华北地区，珠三角则主要来自湖南、广东、广西、四川和云南等西南主产区，而环渤海地区的猪源由华北和东北供给。

2. 猪肉消费需求　猪肉是我国消费者日常饮食中最重要的蛋白质来源。2011 年中国的猪肉消费量为 5 258 万吨，占全球猪肉消费总量的 50%，远高于欧盟和美国。猪肉在中国消费者主要的肉类消费中占比近 60%，但随着人们生活水平的提高以及食物种类的多样化，猪肉所占比重呈小幅下滑的态势，增速慢于其他肉类。今后，应稳步发展猪肉产品，重点发展牛羊肉、禽肉生产。

3. 猪肉流通状况

（1）猪肉市场流通主体。集中交易市场，集散公共市场，拍卖市场，地方合作协会，乡村经销商，佣金商，订单买主，猪肉生产与加工厂商的集货及其他形式。绝大多数生猪买主和卖主都利用多种市场和代理商。生产者关心的是当地买主和销售方式选择的数量对生猪价格的影响，当然生猪市场的竞争程度并不完全取决于生猪买主的数量，还可以利用电子商务手段，如长途电话、传真、电子邮件、国际互联网，再加上现代运输，快速地扩展卖主的营销选择，进而维持当地市场的竞争状态。

（2）猪肉市场的营销模式

① 分散营销。指生猪销售在畜牧生产者与猪肉加工商之间直接进行，没有使用集散市场设施的服务，分散营销使生猪定价的地点由中央化的集散市场转移到众多的乡村地点。分散营销又称直接营销。分散营销代表情形为猪肉加工厂商从畜牧产区拍卖市场、乡村经销商那里购买生猪。

② 集中营销。指某些畜牧生产者利用集散市场销售生猪。现代通讯网络和电子商务可以把所有当地市场与集散市场联结起来，成为一个虚拟的统一市场。

4. 猪肉市场价格

（1）猪肉价格波动规律分析。猪肉价格的波动是影响产业链各环节盈利能力的重要因素。猪肉价格自 1978 年改革开放后便显示出一定的周期性，而且经历 2～3 个较平稳的周期后，会出现一个很大幅度的波动周期。自 2000 年以来，几个周期的波动频率更接近，呈现出市场普遍认为的 3～4 年。以波谷划分的周期来看，最短为 3 年，最长为 8 年。再从周期频率的近期数据来看，受饮食文化影响，中秋、国庆和春节为猪肉的重度消费期。因此，猪肉价格每年的 9～10 月和 1～2 月都有明显提升，但在夏季的消费淡季多出现下滑。

（2）猪肉价格波动的影响因素。猪肉的需求基本保持稳定小幅增长的态势，因此猪肉价格波动更主要的是受供求端的波动所致。而大量外部因素将加剧或缓和供需矛盾。生猪规律的养殖周期和养殖户补栏的积极性是产量波动的根本原因；生猪疫病导致猪肉供应减少，增加亏损、抑制补栏；成本和养殖效益预期也影响补栏积极性。

二、禽蛋市场营销

1. 禽蛋市场供给 　自 1985 年我国成为世界禽蛋生产第一大国后，禽蛋产量逐年稳步上涨，连续 27 年稳居世界第一。2011 年我国禽蛋生产形势良好，全年禽蛋产量达到 2 811.0 万吨，同比增长 1.8%。目前，国内的蛋鸡养殖密集区主要集中在河北、山东、河南、辽宁、江苏、吉林、四川等省。

2. 禽蛋消费需求 　影响我国禽蛋消费需求的因素主要为消费者偏好、营养知识和健康知识、居民收入水平、城市化水平、价格水平、人口增长及人口结构、宏观经济政策等。城市化水平是禽蛋消费需求的新动因。同时，近年来我国把家禽业作为重点鼓励发展的产业。在农村产业结构调整中，家禽业具有投资少、收益见效快等特点，在解决"三农"问题、满足人民群众对蛋白质的需求方面扮演着越来越重要的角色。

3. 禽蛋流通状况 　我国的禽蛋营销渠道模式包括批发渠道、包装商渠道、加工渠道、出口渠道、零售渠道和直销渠道等 6 种渠道形式。

4. 禽蛋的营销策略

（1）品牌化策略。鲜蛋必须拥有品牌意识，有品牌的禽蛋要逐步向"绿色"和"有机"过渡，除了在国内取得有关部门认证外，出口欧盟、日本等国家时，还要取得进口国的认证，大力发展特种蛋和保健蛋生产等。

（2）土特化策略。改革开放以来，人们的消费需求开始崇尚自然野味、热衷土特产品，鸡要吃家养草鸡，鸭要吃野鸭，这就要搞好地方传统土特产品的挖掘和提升工作，积极发展品质优良、风味独特的野生畜禽，以特色禽蛋产品抢占市场，以野生禽蛋产品开拓市场，不断适应变化着的市场需求。

（3）产品差异化策略。营造禽蛋产品提供给消费者的主要利益效用的差异，对普通禽蛋产品重新定位，发现、开拓禽蛋产品新的功能效用，以满足消费者的需求。运用禽蛋产品的形式产品的差异化，在构成实体产品的质量、特征、式样、品牌和包装的独特性上进行改革。运用销售差异化，在销售时间和销售渠道的差异上进行改革。

（4）产品组合策略。所谓产品组合是指营销产品在类型、品种和数量之间的组成比例关系。产品组合包括3方面因素，即产品线的广度、深度和相互之间的关联程度。

（5）促销及沟通组合策略。在禽蛋产品市场营销中，经营者与消费者沟通的方式多种多样，但主要有以下几种，劝诱沟通，如设立免费咨询电话、上门走访、开座谈会、成立消费者联谊会、赠品赠券、提供购买便利条件等；媒体沟通，如利用广告、包装、展示会、陈列馆、销售辅助物（产品说明书、目录、录像）等促销工具；网络沟通，即利用互联网络的一对一和交互式功能实现经营者与消费者的组合沟通。

（6）价格策略。综合考虑价格总体水平和国际市场价格等，积极利用季节差价、区域差价和消费者求新、求异、求廉等不同消费心理，应用定价技巧，选择季节性调价、区域定价、折扣定价、理解价值定价、促销定价等不同定价方式进行定价，使禽蛋产品具有较好的市场吸引力和价格竞争力。

三、奶产品市场营销

1. 奶产品市场供给　我国的奶类生产以牛奶为主，牛奶产量占中国奶类总产量的95％以上，近几年个别牧区生产少量的羊奶、骆驼奶等供给当地居民食用。2008年"三聚氰胺事件"对我国奶业发展造成了严重影响，奶牛存栏量增长趋势放缓，奶类产量在2009年出现下降。为应对危机，国家及时出台了相关产业政策，对奶牛养殖业给予了大力引导、鼓励、扶持。2011年末，我国液体乳及乳制品制造工业企业达644家，行业总资产达1 543.15亿元，同比增长18.88％。到2013年全国奶牛存栏达1 500万头，奶类产量达4 800万吨，成年母牛平均每年单产水平提高到5.7吨。产量第一的是内蒙古，其产量占到全国总产量的15.03％。2011年末，我国液体乳及乳制品制造工业企业达644家，其中亏损企业104家，占16.15%；行业总资产达1 543.15亿元，同比增长18.88%，至12月末，规模以上企业工业总产值2 361.3亿元。受国家政策的支持、市场需求的强劲增长以及奶业一体化进程的加快，我国奶牛存栏数量及奶类产量将进入下一个持续上升期，为我国奶产业的快速发展提供保证。

2. 奶产品消费需求　我国虽然奶产品人均占有量持续增长，但奶产品整体消费水平仍然很低。目前我国奶类消费市场不均衡，城镇、农村奶类消费水平相差悬殊。全国人均奶类消费水平低，奶类食品消费支出占食品消费总支出的比例低。近几年中国奶类消费增长趋于平缓。我国奶产品消费量在经历快速增长后，近几年增长适度回落，奶类消费趋于低水平饱和。城镇居民液态奶的消费趋于饱和，而其他奶产品如干酪、黄油、奶油消费量又很少，不像奶业发达国家奶产品消费结构中液态奶消费量约占奶类消费总量的1/3，其他奶产品约占2/3，其中干酪、黄油、奶油占其他奶产品消费总量的绝大多数。

3. 奶产品流通状况

（1）零售业态。快速消费品，销售渠道必须依赖零售渠道，即便利店、连锁超市、大卖场、网络销售。液体奶、酸奶和奶酪依托连锁超市和便利店。奶粉目前越来越集中在大卖场和大型连锁超市。婴幼儿奶粉还有两个渠道的发展也是值得关注的，一个是婴幼儿用品专卖店，另一个是网络营销。

（2）城市级别。一线城市，渠道渗透相对饱和，基本上呈现"无处不在"的状态，是高端产品的沃土，他们在这里生根发芽，茁壮成长；二线城市，表现出"阵地"风范，以其庞大的市场容量和相对较强的顾客购买力，成为乳制品市场的核心市场；三线城市，相对比较复杂的"未来主战场"。农村市场是山寨品牌以及假冒品牌猖獗的地方。

4. 奶产品市场营销讨论

（1）关于奶产品销售。奶产品属于快速消费品，销售渠道必须依赖零售渠道，即便利店、连锁超市以及大卖场。液态奶、酸奶和奶酪依托连锁超市和便利店（含奶亭、杂货店）较多，尤其是液体奶对便利店的利用较为普遍。而酸奶和奶酪由于必须依托冷链支持，只能在有冷链的零售商店销售，普通的便利店基本上没有铺货。奶粉越来越集中在大卖场和大型连锁超市，而在便利店基本上没有奶粉销售，甚至有些连锁超市的奶粉销量也逐渐下滑，这说明奶粉越来越失去快速消费品的特点，从渠道驱动完全转向消费者驱动。不过，对婴幼儿奶粉还有两个渠道的发展也是值得关注的，一个是婴幼儿用品专卖店，另一个是网络营销。这两个渠道目前的绝对成交额虽然不是很大，但增长率却高得惊人，尤其是网络销售的增长率基本每年以翻番的速度增长。

（2）关于奶产品市场需求的讨论。从奶产品总体趋势上看，一、二、三线市场以及农村市场都得到了良好的发展，可以说，乳制品正在被全国人民接受。

【案例】三元食品有限公司的前身是成立于1956年的北京市牛奶公司，长期以来，其一直承担着北京牛奶的生产销售任务。为扭转其"有市无名"的格局，果断实施了品牌战略，请北京奥美广告公司对其品牌进行全面的分析和设计，共同制定并确认了一个"一揽子计划"，整合营销传播的手段，运用广告、公关、人员促销、营业推广、CI导入等传播工具和明星效应，塑造了健康、新鲜、营养、极具亲和力的品牌个性形象，成功地居于京城液体牛奶品牌首位，真正成为首都千家万户所信赖的知名品牌。

三元的营销策略如下。

（1）让消费者乐于买。三元公司的产品在品种、品味和包装上大幅度提升，通过了ISO 9001质量认证，成功完成了从单一品种的消毒奶、瓶酸奶、缸酸奶向多元化和现代化的产品结构的大跨度转变。

（2）让消费者买得起。之所以能保持低价格的竞争优势，根本上是因为三元建立了具有相当规模的自有奶源基地。目前，日处理鲜奶能力达到750吨。不仅如此，三元公司在不断扩大自有奶源基地的同时，还积极与北京周边的顺义、怀柔等郊区县进行联营合作、共同建设等，挖掘奶源潜力，从而确立了成本优势领先的地位。

（3）让消费者买得到。为改变原有的8个生产厂各有销售部门、市场交叉、互相覆盖的局面，减少了资源浪费、内部竞争、销售力量分散的现象，三元公司成立了营销公司，全方位整合市场、实现统一销售。形成了集生产、运输、销售为一体的现代化营销网络。

同时，三元广告创意紧紧抓住了"深爱滋味，细心品味"这了一个发生在姐弟俩之间围绕牛奶展开的动人故事。使"三元牛奶，爱的滋味"深入人心。

资料改编自：百度文库，三元公司的营销策略。

任务四　水产品类农产品营销

【案例】2010年，湖北省成功打造了"楚江红"小龙虾、"梁子"牌梁子湖大河蟹和"洪湖渔家"生态鱼三大水产公共品牌，带动了全省水产业的良好发展态势。其激活效应、传导效应和联动效应正在不断放大，成为推动湖北省水产业新一轮发展的加速器。

此前，在行业协会的推动下，三大品牌产品生产规模也迅速扩大，在洪湖、潜江两大水产品加工园区内，相关企业生产甲壳素及其衍生产品、鱼胶原蛋白、水解氨基酸、鲟鱼鱼子酱等高附加值精深产品实现批量生产，形成了以常规品种为基础、精深产品为核心的产业链条。特优生产在湖北省渔业发展中唱主角，小龙虾、黄鳝、黄颡鱼、泥鳅等名特优品种产量稳居全国第一位，产量分别占全国的51%、42%、28%、21%，名特优产品新增产值20亿元，占全省渔业产值增量的80%。

资料改编自：中国渔业新闻网，http://www.soyuli.com/news/show-5667.html

水产品是指水生的、具有一定食用价值的动植物及其腌制、干制的各种初加工品。水产品，特别是鱼、虾、贝类等，自古以来一直是人们重要的食物之一。随着人们生活水平的不断提高和对蛋白质需求量的不断增长，水产品作为动物性蛋白质的来源，其重要性日益显著。

水产业是以栖息、繁殖在海洋和内陆淡水水域的鱼类、虾蟹类、贝类藻类和海兽类等水产资源为开发对象，进行人工养殖、合理捕捞和加工利用的综合性社会生产部门。我国海洋鱼类约有1 700 种。我国淡水鱼类有 800 种以上，其中有经济价值的有 250 多种，体型较大、产量较高的有 50 多种。我国发展水产业的方针是以养殖为主，养殖、捕捞、加工并举，因地制宜，重在保护。近年来我国采取了积极有效的措施，严格采取休渔制度，使我国的海水、淡水捕捞和海水、淡水养殖持续稳定发展。

一、水产品类

1. 产品按生物学分类法

（1）藻类植物。包括海带、紫菜等。

（2）腔肠动物。包括海蜇等。

（3）软体动物。包括扇贝、鲍鱼、鱿鱼等。

（4）甲壳动物。包括对虾、河蟹等。

（5）棘皮动物。包括海参、海胆等。

（6）鱼类。包括带鱼、鲅鱼、鲤鱼、鲫鱼等。

（7）爬行类。包括中华鳖等。

2. 按商业分类

（1）活水产品。包括海水鱼、淡水鱼、元鱼、河蟹、贝类等。

（2）鲜水产品。含冷冻品和冰鲜品，包括海水鱼、淡水鱼、虾、蟹等。

（3）水产加工品。按加工方法分为水产腌制品和水产干制品，包括淡干品、盐干品、熟干品；按加工原料分为咸干鱼、虾蟹加工品、海藻加工品、其他水产加工品。

二、水产品生产的特征

目前水产品生产的主要特征主要表现为捕捞业发展停滞、养殖业增长迅猛；淡水养殖、海水养殖各有千秋，海水养殖增长迅速；天然养殖成为未来水产养殖的模式趋势。

三、水产品市场需求

1. 水产品消费结构　我国水产品市场的消费主要由 4 部分构成。

① 城乡居民食用消费部分，具体包括城乡居民的家庭消费和社会消费，各约占居民食用消费总量的 50%。城乡居民食用消费的水产品主要是冷冻水产品、鲜活水产品和半成品、熟制品、干制品等加工水产品，其中鲜活水产品和加工品越来越受到消费者欢迎，所占比例日益增加。

② 加工工业原料消费部分。水产品可用于加工动物性蛋白质饲料（包括鱼粉）、助剂、添加剂和医药保健品等。随着我国水产品产量的大幅度提升和水产品加工技术的不断提高，该部分消费量增加很快。

③ 出口贸易部分。海关出口、海上贸易、边境口岸易货等形式的出口贸易也是水产品市场消费的一个重要组成部分。

④ 其他消费部分，具体包括自食消费、鲜活饲料消费和损耗。

2. 水产品消费特征　鱼和渔业产品代表着多样化和健康食物中基本营养物质的有价值来源。尽管对多数消费者来说可以获得的水产品强劲增长，但国家和区域之间水产品消费在总量和人均增长方面均有相当大的差异。区域和国家之间水产品总消费量以及食用鱼供应量的物种构成不同，反映了水产品和其他食品可获得性的不同水平。发达国家和欠发达国家之间的水产品消费也存在差异。

四、水产品的流通状况

1. 水产品流通渠道　水产品流通渠道是水产品从生产（养殖

或捕捞）领域到消费领域所经过的途径或通道。中国自 1985 年取消水产品统购统销，1992 年全面放开水产品经营、实行市场调节以来，水产品流通已形成了国有商业、集体和合作商业、个体商业等多种经济成分共同参与竞争的多渠道经营格局。

当生产主体的核心能力及谈判地位较强时，整个水产品供应链表现为生产主体主导型，比如常见的农业合作组织主导的物流模式；当中介组织地位较强时，表现为中介组织主导型的物流模式；当加工企业较强时，表现为龙头企业主导型的物流模式；当物流配送较强时，表现为物流配送主导的物流模式；当批发市场较强时，表现为批发市场主导型的物流模式；当零售企业较强时，表现为商超主导型的物流模式。

2. 水产品流通环节　　商品流通一般都要经过收购、批发和零售几个基本环节，然而水产业的生产特点使得收购与产地批发市场一体化的现象日益普遍，内陆和海洋捕捞业更是如此。储藏和运输是每一环节必要的辅助手段。由于水产品的鲜活易腐性，有时还需经过加工后才能进入批发和零售环节。

（1）水产品的批发。批发是生产者和零售商之间、产地和销地之间的流通环节，是较大规模的商品流通不可或缺的一环。除沿海主要港口城市外，大城市由于人口密集、交通便利，也都建立了适合本地特点的水产品专业批发市场，如大连的水产品交易中心、广州的黄沙市场、北京的大钟寺、天津的红旗路水产品批发市场等。目前中国的水产品专业批发市场已发展到 333 个（其中城市 169 个，农村 164 个），其中主产区、主销区和主要集散地有 13 个农业部定点专业批发市场。

（2）水产品的零售。零售是把水产品销售给最终消费者的流通环节，是水产品流通中最活跃的一环。我国水产品的零售除国有副食品商店、个体水产商店和生产企业直销外，主要是遍及各地的城乡集贸市场。集贸市场零售在水产品零售市场中占据了重要地位。

（3）水产品的储运和加工。水产品的特点决定了其特有的储藏与运输方式。中国沿海省市已在近海渔船上推广普及了隔热仓冰藏保鲜，国有、集体渔业公司的外海、远洋渔船上大多配有冷冻、冷藏装置，有的还配备了冷藏运输船，基本做到了近海渔船保鲜冰鲜化，远洋、外海渔船保鲜冷冻化，水产品的鲜度、质量明显提高。水产品运抵港口基地后，有的由加工企业收购，有的由冷藏运输车运到批发市场销售。

【案例】中国水产频道报道，2015 年中国网民规模达 6.49 亿，手机网民 5.57 亿，较 2013 年增加 5 672 万人，使用手机支付功能的用户占手机网民总数的 38.9％。以 2013 年美国 2.683 亿互联网用户计算，中国网民规模是美国的 4.2 倍，手机已成为第一大上网终端。

海鲜水产 APP 是一款专业性垂直细分海鲜水产平台。鱼、肉、贝、虾、蟹、藻、螺、干货、应有尽有！集行业资讯、供求商机、企业黄页、微博登录、微博分享、地图定位、一键拨号、浏览信息等功能于一体。以其便捷的浏览方式、强大的应用功能，以及最新的资讯信息为广大客户展示一个丰富多样的信息平台。所有智能手机在 91 市场、木蚂蚁、苹果 APP store 等国内主要电子市场搜索"海鲜水产"，或者用手机扫描下面的二维码即可免费下载安装"海鲜水产"手机客户端到您的手机桌面，同时可通过手机方便获取各地商铺信息和行业资讯。

资料改编自：中国水产频道，http：//www.fishfirst.cn/article.php？aid＝56074

【思考与练习题】

1. 就你所种植的一种作物设计一个营销方案。
2. 思考在某一类农产品营销中应注意哪些问题。

模块六　农产品国际营销

【引例】目前中国内地和中国香港已经成为挪威三文鱼在亚洲除日本之外最大的市场，并且在不远的未来将超过日本成为亚洲最大的市场。在中国所有的日本料理店、几百家的超市大卖场和很多餐馆中都可以吃到和买到新鲜的挪威三文鱼。挪威三文鱼作为进口海产品的代表，已经成为中国百姓最喜爱和知名度最高的健康海产品之一。

挪威海产外贸局（Norwegian Seafood Export Council，NSEC）是挪威渔业部直属的负责所有挪威海产品在全球推广的机构。多年来不断将以挪威三文鱼为代表的挪威海产品融入当地居民的饮食习惯和餐饮文化中，并通过持续的宣传和推广使挪威三文鱼和挪威海产品在中国的知名度和消费量不断提高和增长。

从 2008 年开始，NSEC 根据行业客户各自不同的特点和需求，深入企业调研，并在调研的基础上写出培训教材。有针对性地帮助中的行业客户开展以挪威三文鱼为原料的新产品研发和推广方案策划、帮助重点行业客户实施方案。

资料改编自：挪威三文鱼在中国的推广及借鉴意义，http：//www. fancai. com/health/4481/

当今世界，由于科学技术和生产水平的发展，流通领域的扩大和跨国公司的兴起，国际上正在逐步实现各种生产要素在多国范围内的优化配置，经济全球化趋势不可逆转，已将各国的经济生活同国际市场有机地联系在一起，特别是我国加入 WTO 后，农业将面临越来越广阔而复杂的国际营销环境，进一步扩大农业对外开放、大力发展与世界各国的农业经贸合作是我国农业和农村经济发展的必然趋势。因此，农户和农业企业十分有必要了解国际市场营销的知识。

任务一　农产品国际市场营销环境

营销环境是指影响营销活动的因素，由于农产品国际市场营销把市场营销活动放大到国际，所以与国内市场营销相比，国际市场营销的环境具有差异性和复杂性。差异性是指世界上有众多的国家，各国都有其特定的政治、法律制度，不同的经济发展状况、文化和风俗习惯等，开展营销活动时要区别对待。复杂性是指开展营销活动时要受到多层次的环境影响，比如世界经济、政治等，这些因素极易变动，难以估测。因此，要做好农产品国际市场营销，先要了解农产品国际市场营销的环境。

一、文化环境

世界各国社会文化的差异，导致了各国消费者的购买方式、消费偏好、需求指向具有较大差别。在一个国家行之有效的营销策略，在另一个国家未必可行，要注意了解各国的文化背景。

1. 语言　语言是不同文化之间最显著的差异，它是文化的一面镜子，能反映其所代表文化的内容和性质。语言不仅是词语和声音的组合，更是一种人类行为。要想顺利地进入国际市场、掌握当地的市场信息、为营销决策服务，就要了解各个国家的语言状况。了解当地语言并能进行正确翻译，才能使企业的产品顺利进入目标市场，扩大销售。

2. 传统消费习惯　各种不同的文化风俗，造成人们消费习惯差异很大。比如东方人以米饭为主食，西方以面包为主食。日本人对鱼的偏好也会使其他国家的人吃惊。要做好国际市场营销，必须要了解和适应目标市场国的习俗。

3. 价值观和态度　人类的大多数行为都是由价值观和态度决定的，人们的价值观和态度令人能判定哪些是正确的和错误的，哪些是理想的和重要的。消费行为和商业行为都是与价值观有直接联系的。

对待时间的态度也是很具文化特色的，在不同文化之间甚至同一文化内部也互不相同。时间观念不同，会使同类产品在不同市场有不同的命运。例如，快餐速溶营养食品在一些时间观念很强的国家很受欢迎，而在一些不重视时间的国家，这些产品就不那么畅销。

二、经济环境

1. 各国的经济发展水平　一国的经济发展水平和农业发展水平对农产品营销有很大影响。比如，经济发展水平高的国家和地区居民进行农产品消费时注重产品质量、营养安全，且讲究品牌、精美的包装，对绿色食品和快餐食品有较大的需求，对广告与营业推广手段运用较高，品质竞争多于价格竞争。经济不发达的国家和地区则偏重于消费品的实用性，产品以人际传播居多，消费者对价格敏感。一般情况下，食物支出会随收入的增加而增长，收入水平提高后，消费者对食品的购买量虽然不会随收入而增长，但是对食品的质量要求会越来越高，消费的档次也越来越高。

2. 各国的农业发展水平　各国的农业发展水平在一定程度上也会影响农产品营销。对于农业发达的国家，如美国，传统农产品可能很难进入，只有品质好的有机食品及土特产品才可能进入。而自然资源不丰富的某些国家，如日本等，则需要大量进口农产品。

3. 国家的经济状况　一个国家的国际贸易状况、外汇兑换率的变动、消费者信贷等在国际营销中也是不容忽视的因素。

三、政治环境

国际市场营销中的政治环境主要是指目标市场国和地区中那些对企业的国际营销有直接影响的政治因素。

1. 政治稳定性　由于有稳定的制度，企业可使其制定的业务计划更有确定性。如果政治不稳定，企业就会产生经营的政治风险和政治困扰。所有东道国都会在其国内控制外商的利润和借贷，控制外商对本国公司的冲击，控制外资对本国国内拥有企业的投资。因此，国际市场营销人员必须密切注意东道国的政局，以便及时调整自己的国际市场营销品种和策略，趋利避害。

2. 政治风险　政治风险是指企业在目标市场国和地区从事营销活动时，因该国政府的各种政治行动而使公司的收入下降甚至全部或部分资产所有权丧失。企业在国外的资产所有权可能遭受没收、征用、国有化、本国化等损失。此外，政治阻力、关税壁垒、非关税壁垒及外汇管制等都会对外资企业的利益造成一些或大或小的损害。

四、法律环境

如果企业要进入国际市场，必然会受到国内法律和国际法律环境的约束，包括本国法律、国际法、介入国法律。不同国家的法规不同，企业只有熟悉和遵守该国法律，才能进入该国市场。

1. 关税壁垒　关税壁垒是提高关税的办法，以阻止削减其竞争力，从而保护国内市场。

2. 非关税壁垒　非关税壁垒就是在法律上和行政上采取限制进口的各种措施。如进口许可证制度，进口配额，复杂的海关手续，过严的卫生、安全、质量标准等。

五、自然环境

自然环境包括气候、地形、资源分布等。

第一，从气候上看，世界上许多国家的气候差别较大。不同的海拔高度、湿度和温度将影响产品和设备的使用和性能。在温带地区使用良好的产品，在热带地区可能会很快变质，或需冷藏等措施才能发挥其适当的作用。

第二，地理条件对市场营销的影响也很直接。不同地理条件的国家和地区，其经济的发展和富庶程度大不相同，从而影响到各国的市场容量。在地势不同的国家开展营销活动，其运输成本和相关费用也不相同。

第三，自然资源分布及其利用程度和可供量也将影响到世界经济发展与贸易的结构。资源分布特点和资源可供量是国际营销中必须考虑的重要环境问题。

【案例】"肯定列表制度"是根据 2003 年 5 月日本新修订的《食品卫生法》的要求所确立的。有着世界上最苛刻的农残比。

日本对蔬菜等农产品设定的残留农药高标准也被一些国家和进出口企业认为是"非关税壁垒"，从而引起不少国家和贸易公司的反对。从 2002 年开始，日本媒体经常刻意报道从中国进口的菠菜、松蘑、小油菜、韭菜等蔬菜的残留农药大量超标，以及从中国进口的绥鱼抗生素超标等问题，引起了日本消费者的恐惧。中国蔬菜被"污名化"以后，日本部分消费者开始疏远曾经被认为是物美价廉的中国蔬菜。

也许是日本政府不断提高的残留农药限制标准阻碍了许多中国蔬菜进入日本市场，近年来，记者感到在日本菜市场上价格便宜的中国蔬菜已经不如往年那么多了。前几年，记者经常可以在菜市场上买到 100～150 日元 1 颗的中国山东产大白菜、50～70 日元两棵的小油菜等叶类蔬菜，但去年以来已经很少能遇到。从事蔬菜等农产品进口业务的日本商社认为，"肯定列表制度"将进一步增大中国农产品进入日本市场的难度。

资料改编自：http：//spzx. foods1. com/show＿40158. htm

任务二　我国农产品国际营销现状

一、我国农产品国际营销优势

1. 农产品生产结构已经得到一定程度的优化　近年来，随着农业生产技术的进步与普及，我国农产品生产结构得到了一定程度的优化，主要体现在以下几个方面。

（1）多样化。在国际农产品市场，我国农产品开始从以初级农产品为主向以初加工甚至深加工农产品为主的方向转变，农产品附加值得以提升。

（2）优质化。长期以来，我国农产品出口多为初级产品，但目前无论是谷物、糖料还是水果、蔬菜等农产品，大多经过了品种分类与品质分级，采取了一定的加工与保鲜措施，农产品在国际市场上具备了更强的竞争力。

（3）功能化。一些农业生产龙头企业大力引进国际先进加工技术，不断赋予农产品特定功能以满足国际市场特别是西方发达国家农产品消费者的需求。

（4）健康化。相比于我国农产品市场，发达国家市场对农产品的健康及安全属性要求非常高，迫使我国农产品健康指标得到较大提升。

2. 农产品营销企业不断发展壮大 一方面，在改革开放进程中，我国农产品营销企业得到了较大发展，越来越多的农业龙头企业成为带动农产品出口增长的主力军，特别是农产品外资企业与民营企业的崛起，在很大程度上推动了我国农产品的国际营销。目前，我国有超过 2 万家农产品产销企业，贸工农一体化企业在农产品出口中扮演着主要角色。另一方面，农产品企业营销模式发生巨大改变。传统农产品出口企业大多是从农民手中收购农产品再进行加工出口，现在，越来越多的农产品出口企业采取了公司＋基地＋农户的经营模式，有利于其更好地把握市场变化。我国刚刚加入WTO 时，农产品主要出口日本、欧盟、美国、韩国、东盟六大市场并销往中国香港。近年来，我国农产品出口企业加大了对新兴市场的开发力度，南美、中东等市场农产品出口增长速度远远高于传统市场的增长速度。截至 2013 年底，我国农产品出口已遍及全球200 多个国家和地区。

二、我国农产品国际营销劣势

1. 营销观念落后 一直以来，我国农产品营销都处于较低水平，很多农民甚至没有农产品营销的概念，重生产、轻营销是他们的普遍特点。作为我国农产品国际营销的主力军，农产品生产企业主要将精力放在如何提高产量与降低成本上，对国际农产品市场需求研究不够，难以跟上国际农产品市场发展步伐。营销观念的落后，严重阻碍了中国农产品进军国际市场的脚步，不注重包装、不注重市场需求使农产品在国际市场上被贴上了低质的标签，影响了农产品品牌培育和附加值的提高。

2. 品牌营销不力　品牌是影响现代市场农产品营销的重要因素，也是产品价值的保证。我国大多数农产品出口企业经营核心依然是产品，不注重品牌的价值与作用，在国内已经鼎鼎有名的完达山、北大荒等农产品品牌，还只是刚刚步入国际农产品市场的新军，其品牌营销与国际成熟农产品品牌营销根本无法相提并论。对品牌营销的不重视加剧了我国农产品在国际市场上的低价竞争程度和我国农产品对国际农产品代理商的依赖度。

3. 国际市场分布不合理　一方面，我国农产品出口市场长期依赖日本、美国、韩国、欧盟、东盟和我国香港等市场，在这些市场中，欧盟、美国、日本都采用全球农产品质量标准、进入门槛最严格，我国农产品向这些市场出口，往往需要付出更高的成本。另一方面，虽然中东、东欧和南美市场农产品进入门槛不高，但由于国内出口企业在这些国家和地区的营销渠道不健全，导致我国在这些国家和地区的农产品出口并不顺畅。

4. 营销策略不科学　无论是在产品策略、价格策略还是渠道策略和促销策略上，我国农产品国际营销都还处于较低水平。如国内农产品往往倚重于通过价格打开营销市场，不仅不利于体现农产品价值，也给农产品国际形象造成不利影响。我国农产品出口主要依赖出口代理商和各节点中间商渠道进行分销，由于各方利益难以协调，操作极不规范，不仅增加了我国农产品的营销成本，也不利于提升农产品国际市场竞争力。

三、我国农产品国际营销面临的困境及表现

1. 我国农产品国际营销的效率低下　一是不太注重国际市场需求的调研与预测，在农产品国际市场的开拓与组织营销方面缺乏科学决策；二是不太注重实行农产品分级与标准化工作，使我国农

产品生产的专业化和商品化水平较低；三是没有意识到消费者的需求已经向更高层次、更高质量、更高安全性的方向发展，在国际竞争中仍以初级产品行销市场；四是没有意识到农产品注册商标的重要性，不重视品牌效应，参与国际竞争的农产品存在内在质量与外在包装不统一的问题；五是政府没有完全发挥为农产品国际营销服务的职能。

2. 在国际营销中受到贸易保护主义的压力 作为一个以出口导向型经济为主的发展中国家，我国在国际竞争舞台上感到了贸易保护主义的压力，从近年来出口商品所遭遇的国外新贸易主义壁垒情况来看，已经涉及肉、禽、食品、水产、蔬菜、纺织服装、玩具、机械、电子、中草药及保健品，其中农产品更是成为了国外贸易保护主义的牺牲品。新贸易保护主义对中国农产品的出口设置壁垒，使得国内农产品的出口遭到严重损害。

3. 外贸人员在国际营销中未能认准销售主渠道 在进行国际营销的过程中，许多农产品出口商不能清楚地认识销售渠道，导致了出口受阻，在国际营销中面临一系列困境。目前我国农产品行业应该循序渐进地开拓国际市场，在空间上还没有能力进行跳跃式发展。南美、北美市场距离遥远，欧洲市场要求较高，中东市场本身实力强大，我国农产品很难进入。

4. 在国际营销中我国的农产品缺乏差异化 随着国际形势的发展，现代农产品消费市场日益呈现"多元化、特色化、个性化、差别化"的趋势，对农产品品种、花色、质量等都提出了新要求，农产品消费已经步入了差异化消费时代。然而，国内农产品在国际营销中缺乏差异化，种类单一、价格单一、品质较低，不仅在风味、质量、口感、价格、外形、包装等方面缺乏差异化，在实用性、营养性、安全性和经济性等方面也缺乏差异化。

任务三　农产品国际目标市场选择

　　农产品国际市场是指一个国家或地区与其他国家或地区进行农

产品交易时常涉及的领域。近几年，我国农产品进入国际市场不仅仅是商品数量的增加，商品的质量、市场开拓等其他方面也有了很大的提升，但同时，我国农产品进入国际市场仍然面临着产品的技术含量低、技术创新能力不足、频频遭遇"绿色壁垒"和反倾销等障碍。要克服这些障碍，促进我国农产品快速进入国际市场，需要进行以下步骤。

一、农产品国际市场营销细分

1. 农产品国际营销调研　农产品进入国际市场之前，必须首先进行国际市场营销调研。所谓农产品国际营销调研，是以国外农产品市场为对象，用科学的方法，系统、客观地收集、分析和整理有关农产品市场营销的信息和资料，用以帮助管理人员制定有效的营销决策。一般的市场调查包括以下内容。

（1）世界上对某产品的市场需求情况。

（2）世界潜在市场的份额和开发潜在市场的可能。

（3）竞争者的情况和竞争情况。

（4）国际市场经营的机会情况和国内的机会作比较。

这些资料可从实地考察获得，也可从联合国、世界银行、世界贸易组织、统计局以及行业记录等资料中寻找。

2. 农产品国际市场细分　农产品国际市场是一个庞大的、多变的市场，不同的市场其环境各具特点，当然也存在着一些共同或相似的因素。为了识别企业应进入的市场，进而拓展农产品国际市场，就必须对农产品国际市场进行细分。所谓农产品国际市场细分就是根据国外消费者需求的差异性，把一种农产品的消费市场划分成若干消费者群，进而选择、确定自己国际目标市场的过程。与在农产品国内市场开展市场营销活动相似，农产品国际市场细分也要有选择地依据收入水平、家庭规模、气候条件、职业、文化程度、宗教、民族、社会阶层、爱好、个性、生活方式等因素作进一步区分，使其成为一个具体的、有局限的、有特性的农产品市场。

二、目标市场选择

目标市场营销要求在市场细分之后进行目标市场的选择。在国际市场营销实践中，选择目标市场需考虑如下因素。

1. 目标市场的市场规模和增长速度

① 考虑目标市场规模。要选择有一定规模的市场，没有规模的市场就不存在规模经济；没有市场规模，市场的发展就非常有限，特别是大宗农产品出口更要选择有一定规模市场的海外市场。考察市场规模主要看两点内容：人口和收入水平。从世界现状来看，发达国家的人口占世界总人口的 1/6，它的进口额却占世界总进口额的 2/3，可以说，这是世界上最大的市场。

② 考虑市场的增长速度。有吸引力的市场不仅仅有一定的市场规模，还要考虑其他因素，如产品竞争、政治气候、地理、人文环境等因素，这些因素都影响市场的增长速度。

2. 目标市场的地理位置 既要考虑目标市场的距离、交通条件、运输成本，又要考虑其消费习惯、文化传统。在中国进口总额中，日本一直居于领先地位，除了政治、经济、文化等因素外，地理因素促使日本占绝对优势。在其他条件相同的情况下，中日两国的成交机会要远远多于中美两国的成交机会。

3. 目标市场的贸易风险 在国际市场中，贸易风险是一个很突出的问题。贸易风险主要包括目标市场国家或地区与本国的政治经济关系、目标市场国家或地区的政局稳定程度、自然灾害、原料供求变化、货币贬值、通货冻结等都会造成合同作废、交货不及时、被没收财产等事实，在农产品国际营销中这些风险都要考虑到。

4. 目标市场的竞争相对优势 国际市场的竞争优势主要反映在以下 3 个方面：首先是所进入市场的国别；其次是进入市场的农产品种类，例如，我国出口的农产品主要集中在劳动密集型产品，如蔬菜、水果、花卉等园艺品，在国际市场上具有一定竞争优势；最后是利用某些国家间市场分割的缺口，利用自己的优势，将产品打入目标市场国家。

　　【案例】山东是我国重要的农产品出口省份，而一直以来大蒜都是山东出口量最大的蔬菜品种，占山东口岸蔬菜出口总量约1/3。2014年末，山东临沂市兰陵县蒜农出口韩国的2 200吨大蒜遭到退回一事引发广泛关注。

　　兰陵是山东著名的"大蒜之乡"，全县28个乡镇中有15个以种植大蒜为主业，种植面积31万亩，产值达到35亿元，"苍山大蒜"已成为山东农产品中响当当的品牌。宋加才是当地的一名大蒜经销商，他第一次做对外出口生意，知道国外检验严格，所以在对方提出的"大蒜直径5.5厘米"的要求上继续提高质量等级，按照6厘米的直径收购备货，为此，一吨大蒜就要多花200多元。之后，他们还按照对方要求使用其指定的船运公司，每个集装箱为此比未指定公司多花3 000元。

　　出口大蒜打道回府的根本原因主要是质量被认定为不合格。韩国农管所这次抽检中，发现"重缺点大蒜"超过标书要求5％这个比例，符合标书退回大蒜中的约束条件。

　　资料改编自：腾讯网，http：//view.news.qq.com/original/intouchtoday/n3064.html

任务四　农产品国际市场营销策略

　　国际企业经过市场调研和细分，确定了目标市场后就必须从营销战略上找到一条适合我国农产品企业国际化竞争的道路，即我国农产品进入国际市场的营销策略选择。

一、进入国际市场的策略

　　1. 国内生产、力争出口策略　在本国进行生产、产品进入国际市场的策略，是进入国际市场比较简单，也是风险比较小的一种策略。这种策略不仅可以提供就业机会，还可以得到外汇收入，这对平衡国家的进口贸易差额或偿还外债是有益的，因此可以得到政府的支持和鼓励。国内生产、力争出口的策略又可分为两种。

（1）间接出口策略。即企业把自己的产品通过国内有关机构销售到有关的国际市场。其特点是企业本身不直接参与国际营销活动，不需要外销的专门知识和人才，但不能选择和控制市场。具体做法如下。

① 企业通过外贸出口。企业将自己生产的产品卖给对口的外贸公司，由他们负责产品的外销任务。这与企业内销产品并无两样。此方法适合没有外贸经验和条件的中小企业，企业不介入出口业务，风险小。

② 外贸机构代理企业办理各种出口业务。采用这种方法，企业在定价、成交方面都有自主权，对国外市场也具有一定的控制力。这种出口代理制在日、美很有生命力。

③ 委托某一家在国外有销售机构的公司代销。企业产品是这家公司的互补品。

（2）直接出口策略。企业一切外销业务全部由其独立完成，因此，企业需要设立对外贸易的业务机构，并为之付出较多的代价。优点是企业可以对国际市场有较多的了解和较大的控制，并且能够在实践中学到如何开发国际市场的经验，具体做法如下。

① 出口权的企业直接出售给外国政府或外商订货，按量、按质、按期交货。

② 有出口权的企业直接与外商签订合同，并按需组织生产。这种方式由企业承担出口的全部风险和赢利。

③ 有出口权的企业可以参与国外工程项目的招标或海外国家部门订货的竞争。

④ 在国外寻找合适的代理商。

⑤ 直接在国外建立销售机构。

（3）工贸联合的半衔接出口方式

由工业企业和外贸联合起来成立联合体，各负其责。这种方式可以调动双方的积极性，发挥各自的优势，互相补充，是比较有前途的出口方式。

2. 在外设厂的策略 国内生产、产品出口经常受到某些因素的制约，影响产品的出口量。为了避开关税与非关税壁垒，给国家多创汇，为了利用当地的三廉（廉价的劳动力、土地、原材料）以保持产品的竞争能力，直接在国外投资、设厂生产、进行销售，适合于我国某些具有优势的行业开拓国外市场。具体做法如下。

（1）国外装配。制造商在国内生产某一产品的绝大部分或全部零配件，把其运到劳动力比较便宜的国家去装配，以降低产品成本。

（2）签订许可证协议，搞许可证贸易。即我方出口专利技术、设备工艺和商标，利用当地企业组织生产，提取许可证费。

（3）我方与外商合资在国外某地建厂，共同经营，共担风险，按股分利。

（4）直接在国外投资建厂或设立公司。这种方法可迎合当地市场需要、收益较高，但投资高、风险大，受所在国政策影响大。这种方法适合我方具有投资能力和比所在国技术水平高的情况。

3. 合资经营的策略 合资经营的策略即国内设厂合资经营的策略。目的是为了引进国外的先进技术，目前以在我国设厂合资经营为多，具体做法如下。

（1）许可证贸易。外商实际上出口技术专利等软件，我方用这些软件进行生产，出口后双方按比例分成。这种方法可以利用国外有声誉的品牌扩大出口，风险小，但要付专利费，减少了企业收益。

（2）合资推销。我方为了扩大出口，可以与国际著名的市场推销商合资，推销、代理我方产品。这是加快进入国际市场的好办法，能够利用外方的推销网加速出口。

（3）管理合资。外方提供管理技术，以提高产品质量和服务质量。外方提供的先进管理作为投资的股份，当出口获利后参与分利。这种方法适合于发展中国家吸收发达国家先进的管理经验。

（4）合资经营。中外双方投资建厂，共同管理企业，共同出口和内销。目的是为了得到外方资金（外汇）和技术。

4. 补偿贸易策略 补偿贸易策略是 20 世纪 60 年代末发展起来的一种新的国外市场营销策略，其特点是技术、设备进口国不用现款支付对方，而是用产品或劳务去偿还。对出口商来说，这是一种特殊的支付形式；对进口者来说，则是利用外资和技术发展本国经济的一种方法，其形式有 3 种。

（1）新产品返销法。如我国进口某国的设备和技术，用生产出的产品偿还进口设备和技术的贷款。这样既引进了先进技术，又扩大了出口，此法很适合中国国情。

（2）易货补偿法。如进口某国设备，而用其他产品来偿还。

（3）部分补偿法。这是处于补偿贸易和现汇贸易之间的方式，即用一部分现汇偿还，部分用返销产品或易货的办法补偿。

补偿贸易对双方原则上都是有利的，对出口设备一方来说扩大了新产品的出口量，并从补偿贸易中得到了价格低廉的制成品；对利用外资的一方来说，可以不花外汇就引进先进的技术设备，如果生产出口产品，则可以创汇，而且市场也比较稳定。另外，通过这种方式建立起来的企业是完全独立的。

二、进入国际市场的市场营销组合策略

进入国际市场的市场营销组合策略，其内容与国内市场的市场营销组合策略大体相同，也包括产品策略、定价策略、广告及人员推销策略、销售渠道及产品储运策略，以及这些策略之间的协同作用等。但是，由于国际市场比国内市场环境复杂得多。所以这些策略中又有一些新的内容、新的问题需要说明。

1. 产品策略

（1）需要解决的问题。确定进入国际市场的产品策略需要着重解决以下几个问题。

① 树立整体产品的观念。也就是说一个产品不仅包括它的核心部分，还包括形式产品和延伸产品。进入国际市场的产品应该在产品的各个方面都能满足当地顾客的要求。

② 确定把哪些产品送到国际市场上去。进入国际市场的产品

一般来说都是本企业目前正在生产的产品。企业现有的产品系列中哪种商品能进入国际市场取决于两个因素，一是国际市场上的需要，也就是当地顾客希望得到的产品；二是产品的竞争能力，它是决定某种产品能否进入国际市场的一个重要因素。另外，外国政府的限制、销售渠道中存在的问题也是重要的影响因素。

③ 产品的更改。进入国际市场的产品是否需要更改，这是产品进入国际市场的一个重要问题。当然，产品不需要更改是最好的，如需更改，一般包括这样几个方面：即功能的更改、外观的更改、包装的更改、标签的更改、品牌和商标的更改、服务的更改等，需要做哪些方面的更改要通过目标市场的详细询查研究之后才能做出决策。是否更改还要考虑经济效益。

④ 建立信任。在国际市场的产品销售中，使当地顾客对某一个国家的产品建立一种信任，是十分重要的问题。除此之外，能否如期交货也是建立良好国际商誉的一个方面。

（2）产品定位策略。要进入国外市场，必须采取产品定位策略，以满足当地市场需要。

① 直接延伸策略。将国内市场上推销的产品和推销方法类推到国外的目标市场。这种策略不需要额外投资，内销和外销相同的产品，收益好、风险小。成功的例子如可口可乐饮料在美国畅销，在全世界也同样畅销。

② 变通适销策略。由于每一个市场对某种商品的需求有所不同，因此，内销产品拿到国外时，要将主要功能作变通，以便与当地市场适销对路。如自行车在我国主要是交通工具，在发达国家则主要是健身和娱乐工具，在某些欠发达国家则是运输工具，同样是自行车，可作少量修改，然后再进入目标市场。

③ 产品适销策略。为适合销地市场需求，必须将产品做适当修改，以做到适销对路。

④ 双重适销策略。即同时改变产品和促销方法，以提高目标市场对产品的接受程度。

⑤ 开发新产品策略。通过市场调查和预测，了解国外某个市

场有新的需求，并通过投资，进行科技开发，发明创新产品。这种策略需要一定投资，风险大，但一旦成功，收益也大。

通过以上的策略，可以选择合适的产品在合适的市场上推销。事实上，企业为了减少风险，常同时采用几种产品定位策略，效果会更好。

2. 定价策略　定价也是国际市场营销组合中的一个重要策略，许多交易成功与否都与定价有着密切的关系。因此，定价必须适应国际市场的需要。

（1）进入国际市场的定价原则

① 按照国际市场为该产品的供需情况定价。如果某一种产品在当前的国际市场上供不应求，那么在定价时可以把价格定得偏高一些；反之，某一种产品在当前的国际市场上供过于求，就要把价格定得偏低一些。

② 根据国际市场的竞争情况定价。若出口产品在国际市场上竞争非常激烈，说明国际市场上该产品的卖主较多，在定价时要把自己的产品与竞争对手全面比较，以确定自己产品的合理价格，一般不要高于对手的产品价格，除非自己的产品较对方有明显的优势或独到之处。

③ 根据出口产品销量对价格的敏感程度大小定价。若拟出口的产品销量在国际市场上对价格敏感度低，即提高价格对销量的影响很小，这种商品的价格可定得高一些。

④ 根据企业生产的成本定价。即生产成本再加一定比例的成本加成，来确定产品的价格。

⑤ 其他因素。其他因素有很多，如国与国之间的关系、新客户还是老客户、是可以长期开展贸易关系还是一次性买卖、滞销还是畅销等。

（2）定价策略

① 新产品定价策略。新产品刚刚进入市场，一方面在市场上知名度低，另一方面竞争者尚未采取相应行动，因此，经营者根据市场特点，出于不同的目的，可选取下列策略。

　　a. 取脂策略。是指在新产品刚进入市场时，趁竞争者未作出反应，实施高价销售，尽可能多地赚取利润的定价策略。例如，1945 年，美国雷诺公司从阿根廷引进圆珠笔生产技术，每支成本 0.5 美元，批发价每只 10 美元，零售价每支 20 美元，这是运用取脂策略的成功事例。

　　b. 渗透策略。是指低价进入市场，迅速赢得顾客依赖的定价策略。为了扩大产品知名度，通过大批量生产，降低成本，低价投入市场。

　　c. 满意策略。是指价格定在适当水平上，既让顾客容易接受，又使自己获得满意利润的定价策略。有些企业认为实施取脂策略企业要承受滞销的风险（新产品知名度低）；而实施渗透策略又怕消费者有"便宜无好货"的心理，会使企业形象受损，因此把自己的商品价格定在适当水平上。如在 20 世纪 40 年代末，美国的圆珠笔发展很快，成本为每支 0.05～0.1 美元，工厂定价为每支 0.32 美元，但产品很难销售。在营销学家的指导下，生产厂家将售价提至每支 1.32 美元，因此销路大增。

　　② 折让价格。折让价格是出口方对中间商或顾客提供的特定购买激励。常见方法如下。

　　a. 数量折扣策略。指出口方为鼓励进口商扩大进口而采取的策略。数量折扣可以鼓励进口商扩大一次性进口批量，折扣随批量的增加而提高，也可以为建立固定的贸易关系而使折扣随积累数量的增加而提高。

　　b. 交易折扣策略。指根据各类中间商在交易中所具备的不同功能，承担不同的责任而给予不同的折扣，又称功能折扣。

　　c. 现金折扣策略。指进口方在合同规定的付款期若干天内付款，出口方对提前付款给予一定的折扣，以资鼓励，目的是加速出口方资金周转与减轻利息负担。

　　d. 季节折扣策略。指一些季节性强的商品，当其不合时宜时，为减少库存积压，给中间商一定折扣，激励其推销积极性。

　　e. 促销折扣策略。指进口商（中间商）为出口商品提供许多方便，如协助做广告宣传，提供销售场地等。出口商为鼓励进口商的积极性给予一定的津贴。

③ 相关商品定价策略。指企业在同一市场中根据商品之间的相互关系，依市场状况确定相应的价格。相关商品定价可按功能差别定价。

a. 主辅品定价策略。指在某些商品相互之间存在主辅关系定价时，可以根据具体情况把主要商品和辅助商品分别定在不同的盈利水平上。例如有的照相器材经销商将相机相纸定价较低，而将印相器材定价特贵。

b. 主副品定价策略。指企业将其生产的主要产品和利用主产品生产过程中产生的边角余科等生产的副产品分别定价，规定不同的盈利率。

c. 主附品定价策略。指企业在经营过程中，有些商品是主要经营对象，有些商品则是为主要经营对象服务的附属经营对象，对这两类不同商品分别定价。

3. 进入国际市场的广告和推销策略 在国际市场上销售产品，也要通过广告及其他促销活动来提高企业的声誉，增进顾客对产品的了解，以达到增加产品销售的目的。

在国际市场上做广告或进行其他推销活动所运用的基本理论与国内基本相同，所以在国内市场上的一些做法，也基本适用于国际市场。不过，由于国际市场的市场环境比较复杂，各个国家对广告和推销所持的态度也不一样，在制定广告和推销策略时，要视不同国家的具体情况制定不同的营销策略。

（1）进入国际市场的广告策略。广告是国际市场上广为利用的促销手段。但由于各国的经济水平与民族文化习惯不同，对广告的态度也不一样，所以要制定好的广告策略，首先要了解各个国家对广告所持的态度和政府对广告的限制。

① 各国对广告的限制。

a. 对广告内容的管制。如德国，与竞争者产品比较的广告是被禁止的；在泰国，禁止做所有成药的广告。

b. 对于广告媒介的限制。在法国，电视台每天只允许有几分钟的广告时间。在有些国家，立广告牌要经政府批准。

c. 对于广告支出的限制。在印度，政府规定企业广告费不得超过销售额的 4%。

d. 对于广告支出的课税。不同的国家，政府收取的广告税率不同。

另外，对广告还有语言文字的限制。

② 广告决策。在国际市场上怎样做广告，要根据产品销售的具体情况而定。如果产品由企业自己拿到国际市场上去销售，广告的制作、选择及费用支出全部由企业承担；如果产品通过国外经销商或代理商销售，广告制作、选择及费用支出可经协商双方共同承担。在国际市场上做广告，能够得到当地经销商或代理商的协作是大有好处的。因为他们知道在当地用什么样的广告媒介、什么时间做广告最好，也知道什么语言和画面最受消费者喜爱。

（2）进入国际市场的人员推销策略。人员促销是指派推销人员到国外去直接同潜在的顾客接触，在产品推销过程中取得订单，达到直接销售的目的。如果产品由企业或企业在国外建立的销售机构直接在国际市场上销售，需要通过促销的方式来促进产品的销售。

推销员大致有 3 类：第一类是负责推销一般日用品的普通推销员；第二类是推销工程师，负责推销、维修、并训练用户掌握操作和使用技术；第三类是批发推销员，他们负责向零售商批发产品、宣传商品知识、回答消费者问题，激发消费者潜在的需求，唤起其购买动机，同时进行市场调查，听取顾客意见，向企业反馈市场信息，搜集竞争者的经营战略和销售策略等。

常见的几种推销策略如下。

① 经常关心老主顾，通过其开发新顾客。

② 专门提供超级服务。例如，美国道奇汽车公司的推销员史密斯，一次，一位跟他买过汽车的客户给他打电话紧急求援，该客户的工作用汽车专门接送伤残患者往返医院。这一天，引擎的化油机坏了，史密斯当即将陈列室中展示的一辆道奇汽车的化油器拆

下，立即赶到该客户处解决了用户所需。这次的超级服务让史密斯又卖出 63 辆道奇汽车。

③ 培养同客户的亲密关系。

④ 殷勤诚挚的服务。

⑤ 生动地展示产品，让客户确实看到产品的优点。

（3）其他策略

① 直接邮寄。如果在国外没有经销商或代理商，也不派人员推销，可通过给潜在顾客或中间商直接邮寄产品资料或样品的办法来争取订单。

② 在国外搞产品展销。在国外寻找和选择合适的经销商，让他们在当地市场上为企业销售产品。根据各个国家企业进入国际市场的经验，选择一个好的经销商比选择一个好的市场更为重要。"宁愿要一个第一流的经销商、第二流的市场，也不要一个第一流的市场、第二流的经销商"，这充分说明选择经销商对进入国际市场的重要意义。我们目前开发国际市场存在的一个问题就是坐在家里等顾客上门，而主动去国际市场上调查、选择合适的经销商为我们销售产品的做法还比较少。

在国外目标市场上寻找合适的经销商，一个比较理想的办法就是通过外贸部门或目标市场的咨询机构得到一个外国经销商名单，从中进行选择。

在与经销商签订协议之前，还要派专人调查他们是否可靠、他们在当地市场上的声誉如何、他们销售的系列产品是否就是我们竞争对手的产品、他们有多少年的经营历史、有没有销售我们产品的人才、他们是一个大的经销公司还是只有几个人、财务状况如何以及同社会上各方面的关系如何等。只有弄清了这些情况，认为他们在各个方面都比较理想，同时他们又愿意为我们销售产品，这样才能签订合同。也就是说，选择经销商一定要慎重，决不能草率行事。

对已经选定的国外经销商的工作情况管理，常用的方法如下。

（1）给他们制定一个销售量指标。

（2）企业经常派人到经销商那里帮助解决一些问题。

【案例】佳沛新西兰奇异果曾推出比基尼、美容、阴阳、武士4 个主题的报纸广告，画面上佳沛的商标被放置在醒目位置，四个主题中的奇异果分别戴着防晒眼镜穿着比基尼、扎着头巾、敷着面膜，被装扮成太极图案、扎着忍者的头巾。奇异果的形象生动有趣，幽默新奇，很抢眼，而且能够望"图"生义，创新形象直接明白地传达了广告产品的诉求。

资料改编自：农产品营销的广告策略创新研究，http：//doc. qkzz. net/article/c805dbae - d 000 - 431e - b1a3 - 51026948a851 _ 2. htm

【思考与练习题】

1. 请结合你生产经营实践说明怎样确定农产品国际营销目标市场。

2. 谈谈怎样运用营销组合策略开展农产品国际营销。

模块七　农产品电子商务的创办

20 世纪 90 年代以来，电子商务作为一种新兴的营销手段，给工业产品销售提供了一个前所未有的飞跃平台，农产品电子商务也应运而生。党的十八大报告提出"坚持把国家基础设施建设和社会发展重点放在农村，深入推进新农村建设和扶贫开发，全面改善农村生产生活条件，着力促进农民增收，保持农民收入持续较快增长"。农产品电子商务是特殊的手段和平台，将农业生产者与消费者两者有机地结合起来，让生产能销售、购买能安心，两端都能满足。通过营造一个生态链，利用互联网的互联高效，实现了双方的共赢。但不是人人都适合创办电子商务，创办农产品电子商务需要做好发展规划与充足的准备，选择合适的项目与经营方法以防止风险的产生。

任务一　农产品电子商务创办策划

一、撰写农产品电子商务创办商业计划书

商业计划书（Business Plan）是一份全方位描述企业发展的文件，是企业经营者素质的体现，是企业拥有良好融资能力、实现持续发展的重要条件之一。一份高品质且内容丰富的商业计划书将会使投资者更快、更好地了解投资项目，将会使投资者对项目有信心、有热情，能够吸引投资者、特别是风险投资家参与项目，最终达到为项目募集资金的作用。商业计划书编制要点如下。

1. 辨认和明确主意和目标　明确并能阐述清楚创业项目以及发展目标，伟大的企业都是一步一步脚踏实地走出来的。

2. 团队比任何主意和计划更重要　团队的重要性显而易见，

这也是获得投资融资的关键，创业需要做好的前三件事儿是人、人、还是人！

3. 大思考 大处着眼、小处着手，这是创业者必须遵循的路线，仰望星空的同时也要脚踏实地。

4. 注重已经十分明确的市场、分市场和市场间隙 专注你所在的创业领域，争取成为细分市场的领头羊。

5. 了解商业模式 清楚地知道所选的商业模式，没有人会关心没有商业价值的项目，实际的赚钱能力将比财务预估重要得多。

一个好的商业计划书是获得贷款和投资的关键。如何吸引投资者、特别是风险投资家参与创业者的投资项目，这时一份高品质且内容丰富的商业计划书，将会使投资者更快、更好地了解投资项目，将会使投资者对项目有信心、有热情，动员促成投资者参与该项目，最终达到为项目筹集资金的目的。商业计划书是争取风险投资的敲门砖。投资者每天会接收到很多商业计划书，商业计划书的质量和专业性就成为了企业需求投资的关键点。企业家在争取获得风险投资之初，首先应该将商业计划书的制作列为头等大事。商业计划书的主要编制要求如下。

1. 内容真实 商业计划书涉及的内容以及反映情况的数据必须绝对真实可靠，不允许有任何偏差及失误。其中所运用的资料、数据，都要经过反复核实，以确保内容的真实性。

2. 预测准确 商业计划书是投资决策前的活动，具有预测性及前瞻性。它是在事件没有发生之前的研究，也是对事务未来发展的情况、可能遇到的问题和结果的估计。因此必须进行深入的调查研究、充分的占有资料，运用切合实际的预测方法，科学地预测未来前景。

3. 论证严密 论证性是商业计划书的一个显著特点。要使其有论证性，必须做到运用系统的分析方法，围绕影响项目的各种因素进行全面、系统的分析，包括宏观分析和微观分析两方面。

编写商业计划书的直接目的是为了寻找战略合作伙伴或风险投资资金，其篇幅既不能过于繁琐，也不能过于简单。一般来说，项目规模越庞大，商业计划书的篇幅也就越长；如果企业的业务单一，则可简洁一些。一份好的商业计划书的特点是关注产品、敢于竞争、充分市场调研，有力资料说明、表明行动的方针，展示优秀的团队、良好的财务预算、出色的计划概要等几点。一份商业计划书的基本架构（包括但不限于以下内容）如下。

1. 计划概要　摘要是整个商业计划书的"凤头"，是对整个计划书最高度的概括。从某种程度上说，投资者是否中意你的项目，主要取决于摘要部分。可以说没有好的摘要，就没有投资。

2. 项目介绍　主要介绍项目的基本情况、企业主要设施和设备、生产工艺的基本情况、生产力和生产率的基本情况，以及质量控制、库存管理、售后服务、研究和发展等内容。

3. 市场分析　主要介绍产品或服务的市场情况，包括目标市场基本情况、未来市场的发展趋势、市场规模、目标客户的购买力等。

4. 行业分析　主要介绍企业所归属的产业领域的基本情况，以及企业在整个产业或行业中的地位。和同类型企业进行对比分析，做 SWOT 分析，表现企业的核心竞争优势。

5. 市场营销　主要介绍企业的发展目标、发展策略、发展计划、实施步骤、整体营销战略的制定以及风险因素的分析等。

6. 管理团队　主要介绍管理理念、管理结构、管理方式、主要管理人员的基本情况、顾问队伍等的基本情况、员工安排、薪金标准。

7. 财务分析　主要对未来 5 年做营业收入和成本估算，计算制作销售估算表、成本估算表、损益表、现金流量表、计算盈亏平衡点、投资回收期、投资回报率等。

8. 资金需求　主要介绍申请资金的数额、申请的方式，详细使用规划。

9. 资金的退出　主要告诉投资者如何收回投资，什么时间收回投资，大约有多少回报率等情况。

10. 风险分析　主要介绍本项目将来会遇到的各种风险，以及应对这些风险的具体措施。

11. 结论　对整个商业计划的结论性概括。

12. 附件　附件是对主体部分的补充。由于篇幅的限制，有些内容不宜于在主体部分过多描述，把那些言犹未尽的内容，或需要提供参考资料的内容，放在附录部分，供投资者阅读时参考。

二、农产品电子商务创办计划书案例

姑苏农业电子商务公司创业计划书
——由苏州大学姑苏情团队撰写

第一部分　创业计划概要

一、项目内容

二、项目发展前景

三、核心运营模式

四、可行性分析

五、项目优势

六、项目收益

七、项目总结

第二部分　创业计划详述

第一章　公司概况

公司简介

第二章　调查分析

一、背景

二、实践流程

三、分析总结

第三章　市场分析

一、农业电子商务的发展现状

二、目标市场分析

三、市场趋势和机会

第四章 竞争分析

一、中国农业网站分类

二、五力分析

三、SWOT 分析

四、竞争分析总结

第五章 运营方案

一、公司理念

二、公司目标

三、发展战略

四、业务与盈利模式

第六章 网站项目的实施

一、网站总体设计

二、具体功能介绍

三、售后服务

四、总结

第七章 网络推广方案

一、目标市场分析

二、目标群体分析

三、网络营销战略目标

四、网站营销

五、整理网络营销组合策划与实施方案

第八章 投资分析

一、投资环境特点

二、资本运作

第九章 财务可行性分析

一、企业财务活动结构图

二、主要财务假设和财务数据预估

三、预计财务报表

第十章　风险分析与规避

一、政策风险

二、行业风险

三、市场风险

四、财务风险

五、经营管理风险

六、影响因素结构图

结束语

资料来源：主编所带团队参赛作品目录

任务二　农产品电子商务
创办步骤与方法

　　"21世纪要么电子商务，要么无商可务"。农村信息服务相对滞后，经常产销脱节，电商则真正实现了信息流通，让买卖无缝对接。农民朋友们强烈渴望扩展销售渠道，使农产品电子商务成了大势所趋。当前，农民销售农产品主要通过自产自销，或者厂家、中间商来收购，基本上处于被动状态。如何化被动为主动，农产品"触电"则实现了生产者与消费者对接，减少了中间环节，使农民在农产品价格形成中拥有更多话语权。不仅如此，农产品"触电"还使农民的角色和社会身份有了变化，这也直接促成了农民返乡创业和就近就业。具体创办的步骤与方法如下。

　　1. 学习网络基础知识，掌握最基本的方法、思路和形式　可以向身边熟人请教一些互联网的基础应用知识，也可利用一些书籍或者网上视频教程来学习。

　　2. 找准思路和方向　卖东西、做服务、做特色、做开发、做商人等疑问需要去定格。找准方向，整理大纲，就开始着手去操作。比如要去卖东西，那么去卖什么？怎么去卖？这些都要去考察、去分析、去定格。寻找合适的农产品信息网站和农产品电子商务网站平台，这类网站分两种：一是 B2B，比如阿里巴巴和专门做农产品的发发 28 农产品信息网；二是 B2C/C2C，比如淘宝。第一种倾向于信息平台，适合做批发。第二种倾向于在线交易，适合做零售。对于农村地区的人来说做第一种（B2B 交易）显然更好，只需将自己手机号码和 QQ 联系方式挂上去就行。

3. 方法和平台　要到哪里去卖？选在合适的农产品信息平台发布自己需要出售的农产品，将其在互联网上展示出来，申请 IP 地址及域名、配齐相应的硬件设备、确定提供的服务种类、建立网站的架构设计、信息的采集整理和站点的定位、制作主页、发布主页。现在电商也慢慢成熟起来，方法和平台也比较多，大家都知道的就是淘宝，因为它占据了先机，还是客流最大的地方，最主要的是免费。

4. 做好准备　一是做好产品的照片、性能、材料、参数表、型号、用途、包装、使用说明等的准备，要做得精、做得细，这些可以说明自己的公司实力和加工生产能力。二是做推广宣传和优化。首先让客户知道你、找到你，如何找到你，就要做推广宣传和优化。当然在这些的同时，也得借助网络去寻求客户。客户找你、你找客户，两样结合。三是做好物流、售后服务。这个很好解决，找固定的物流和快递公司，长期合作，省时、省力、省钱。质量是生命、价格是根本、服务是保障，现在的消费者很注重服务，售后服务一定要做好。

5. 创建品牌农产品　农产品电商的迅猛增长，可能会使一些农民或农产品生产经营者误以为只要有电脑或者智能手机，学会操作，就可以销售农产品赚钱了。从我国不同农产品的电子商务发展业绩来看，不是所有农产品都适宜通过网上或者电子交易。比较而言，一些耐储存的农产品，如黑木耳、核桃，特别是全国知名的优势特色农产品，如新疆的大枣、内蒙古的奶酪、宁夏的枸杞，通过网上或者电子交易实现远距离跨省销售，显示出强大的活力。值得一提的是，有品牌的农产品通过电商交易可能会获得成功。对于农产品生产经营者来说，发展农产品电商等交易业务能否成功，关键在于是否具有或者形成品牌效应。

【案例】河北省清河县已成为中国最大的羊绒加工基地，被誉为"羊绒之都""羊绒纺织名城"。农民电商由此产生。

第一个转型电子商务的村庄是清河县东高庄村，3/4 的村民进入电商队伍。东高庄村为此成为全国首批 3 个淘宝村之一。继而，由东高庄村迅速波及全县 2/3 的村庄。

为了使农民进入电商行列，清河县在县职教中心设立常年培训班，免费对农民进行"淘宝网入门""网店提升"等技能培训；县里成立的电子商务服务中心，还与淘宝网"万堂书院""网商动力""单仁咨询"等机构合作，开设"爆款打造""搜索优化"等专题培训，每年培训 20 多场，达一万多人次。通过培训，越来越多的农民掌握了微机操作、电脑设计、网上淘宝等技能。同时带动了物流业的快速发展，第三产业得以带动；同时，第二产业发展迅速，相应地机械制造业等需求增加，也促进了羊绒产业由初加工向深加工跨越的步伐。

资料改编自：邢台日报，2015 年 2 月 9 日，http：//www.xtrb.cn/epaper/xtrb/html/2015 02/09/content_558089.htm

任务三 创办农产品电子商务对农民的要求

据统计，截至 2015 年 6 月，我国网民规模达 6.68 亿，互联网普及率为 48.8%，其中，农村网民仅占 27.9%。而农产品电子商务网站的建设和维护、信息采集和发布、市场行情分析和反馈，都需要专门的人才。作为"互联网＋农业"这场变革的主体，农民受知识水平的限制，能否"＋"入互联网、如何"＋"入互联网，是互联网与农业能否真正实现深度融合的关键。

培养掌握现代农业知识、商务知识和网络技术的现代农民，是农产品电子商务得以推广的前提。首先要逐步提高农民的科学文化素质和农业技术水平，对农民进行信息技术和电子商务培训。其次，加强农产品电子商务人才培养，提高农村信息人员素质。具体来说，农民经营电子商务应具备以下几种能力。

一、良好的自我学习能力

所谓学习能力，通俗地讲就是指获取获识、增长才干的本事。创办电子商务需要学习多方面的知识，与传统商务活动不同，电子商务活动要求必须具有较高素质的新型职业农民，掌握经营电子商务的必备技术知识和网络营销策略。经营者得有自我学习意识，切实做到想学、真学、能学。还要掌握学习方法，切实做到会学、学好。要克服"工作忙没时间学"的思想观念，重视知识的更新，树立终身学习的意识，自觉地增长知识，又要不断更新知识，创新学习，不断自我反省。

二、经营管理能力

经营管理能力是农产品电商经营者成功的保障，是解决电商生存问题的第一要素。面对激烈的市场竞争，善于经营强化管理、以管理促进经营，才能把电子商务做大、做强。经营管理能力的提高是农产品经营者投资赢得利润的关键，一个好的项目让一个缺乏经营管理能力的人去做，亏损的概率必定很大。要成为一个合格的经营者，不仅要有资金，还要懂技术，同时还要具备与众不同的经营思路。

从理论上讲，电商与农产品的结合并不复杂，目前似乎也没有什么东西不能在网上卖，一旦前景很好，就趋之若鹜，然而真正做起来也并不容易，激情满怀进入的多，顺顺当当走下去的少。初入农产品电商行业者，常见问题大体有 3 种。

第一种常见情况是想得简单了，觉得找一两个人，拉个网线，开个网店，找点产品，就可以了，其实不然，完整的电商系统比较复杂，网上卖只是冰山一角，不仅有网页设计、产品美工、营销策划、推广运营等前端的东西，更有卖的东西由谁生产、准备卖的东西放在哪里、谁来包装运送、客户投诉怎么办等一系列问题。根据调查，绝大部分农民网店并没有到"钻"级，大部分在1、2、3星级，有20.94%的农民网商反映提高销售量困难，20%的人认为缺少开店知识，另有13.92%反映不会设计网店，11.7%反映组织货源难。当前最常见的情况就是开店很快就好了，然后开起来却一脸茫然，怎么经营不会了。所以，要做农产品电商，必须得学习一点电商相关的专业知识，接受一些专业培训。

　　第二种常见情况是卖不出东西。店开了很久，可能就几单生意，甚至长时间零交易，大失所望。这其实也很正常，网上开店的企业有1 200万家，淘宝网店有1 100万个，一款产品搜索一下就有几十到上百页，共几千款，如果没有好的营销照样卖不出去。实体店要打广告，网店要导流量，其实一个道理，核心是要有人光顾，不管是人进店也好，还是网上点击页面，都得费功夫。网店导流一个客户的成本已经在150元左右，所以，必须要想办法降低营销成本。实体店打广告可以动用报纸、广播、电视、网络等，网站同样需要动用以上手段，全渠道营销，见缝插针，利用好各种低成本的载体，尤其是微博、微信、QQ。

　　第三种常见情况是运营成本下不来。卖得不多，花销不少，有营业额却占用巨大精力，盈利无几，甚至亏损，像鸡肋一样。这种情况大体有几种原因，第一种是确实技能不足，运营效率太低；第二种是花了太多的钱来导流量、做推广，理论上挣的钱全部交给平台了；第三种是产品设计不好，同质恶性竞争，赔本赚吆喝。对于技能不足，要坚信人才的成本是绝对不能省的，下力气提高运营水平；对于营销费用太高，要想办法用些节省费用的载体，像新媒体就是有效渠道，微博营销、微信营销的成功案例相当多；更重要的是要综合看网售，不光是卖东西，更是与顾客的互动过程，多用点心思留住老客户，比一味导流量拉新客户可能更靠谱；最根本的是产品问题，如果产品质量不好，市场定位错误，那花再多的精力可能也是徒劳。

从事农产品电商，不同层次路径亦应有所不同。实力小应该借船出海，先上大的电商平台，如淘宝、天猫、京东；实力中等应该把鸡蛋放在多个篮子里，开展全网营销；实力强还可以自建平台，做产业链，成为小而美的垂直电商，但要一步一步来。

总之，电商前景光明，但门道也很深，做农产品电商就要认识电商、用好电商，从而取得理想的效果。

三、专业技术与创新能力

技术是农业生产的基础，经营电子商务不仅要自己懂生产技术，善于创新，推出特色的产品和服务，而且还要具备相当的计算机技术与网络营销知识。先进的技术是产品质量的保障，产品质量的优劣已不仅仅是传统意义上的物美价廉、经久耐用，还要求产品具有较高的科技含量，紧跟市场需求，开发出能满足不同消费者群体的产品。如传统粮食生产主要是满足人的需要即口粮，但随生活水平的提高，人们饮食需求结构发生了显著变化，禽蛋奶肉类在人们的日常生活中占据相当一部分，动物对粮食的需求远远超过人类，而且随着工业的快速发展，石油资源的加速耗竭，从植物提炼石油成为重要的渠道之一。为此，作为电商经营者，必须能根据市场需求状况的变化选择合适的农业技术，能生产出技术含量不同的有针对性的农产品，对于农产品电商未来的发展意义重大。

创新是知识经济的主旋律，是企业化解风险和取得竞争优势的有效途径，创新能力对农产品电子商务的可持续经营至关重要，唯有不断创新，在市场竞争中做到人无我有、人有我优、人优我周、人周我廉、人廉我转，才能占据优势，获得主动性。要有创新思维、无思维定式、不墨守成规、能根据客观情况的变化及时调整经营策略，创出新路子。搞农业最怕的是盲目跟风，一哄而起。只有通过独特创意开发出"人无我有"的特色农业，经营才能增收增效。

四、沟通协调能力

沟通协调能力是经营者必备的能力。在实际工作中，与多方面的人打交道常常会遇到一些难题，要解决这些矛盾和问题，就必须进行沟通协调。创办农产品电子商务面临诸多难题，对于农民经营者来说要求很高，他需要与政府、普通农户、银行、农业企业等多方面的人员打交道，争取利益与资源，所以经营者必须要有良好的沟通协调能力，沟通不好就无法达成目标。如经营者须与众多普通农户打交道，争取他们让出土地，与每一位农户签订租地契约，这不是一件容易事，处于各自利益的角度协议的达成往往很困难，需要经营者具有良好的沟通能力；经营者还须争取政府的政策扶持、银行的贷款支持、农业企业的销售支持以及亲朋好友的感情与物质支持等。

一个成功的经营者必须巧妙地协调好内外部关系，有效地排除人为的干扰因素。

【案例】从软件公司的北方区销售总监，到烟台做大樱桃电商生意的商人，张大发的电商之路并非一帆风顺。最初，店铺没信誉、没流量，无法实现线上交易。张大发转向论坛，微博及山东交通广播、山东电视台等媒体，终于实现了较好的突破。但随后由于水果易腐，樱桃烂掉了一多半，售后问题处理了1周，损失达9万元。看来，生鲜电商最核心的问题不在于销售商品，而在于如何安安全全、原汁原味地把生鲜送到客户手里，尽量将售后成本降到最低。

张大发不断思考、积累经验，认为生鲜电商必须做好以下3方面。首先就是保鲜，生鲜贵在一个"鲜"字，在幅员辽阔的中国，如何让新鲜的产品新鲜送达客户手里，这是体现一个生鲜电商企业核心竞争力的所在。第二是产品，生鲜是非标准品，没有稳定的品质。第三就是良好的心态。

资料改编自：农网资讯，http：//www.ahnw.gov.cn/2006nwkx/html/201501/％7BEF72F9BF－BAFE－4E38－B686－304F5D08929F％7D.shtml

任务四　涉农电子商务创业机会选择

2015 年 7 月，财政部、商务部公布了电子商务进农村综合示范工作的 200 个示范县名单，中央财政计划安排 20 亿专项资金进行对口扶持，发展农村电子商务。重点全力扶持中西部地区，特别是革命老区的农村电子商务发展，资金的使用重点向建设县、乡、村三级物流配送体系倾斜。在新公布的 200 个示范县中，中西部县区占 82.5%，贫困县占比超过 43.5%，包括赣南、黔东、陇南、陕北等革命老区，每一个试点县将拨款 1 000 万元扶持。可见，在国家的大力支持下，涉农电子商务必将成为一个新的创业领域，且具备视觉、味觉、健康生活为一体的农特产品一定会成为电商的新创业点。具体来说涉农电子商务创业有以下几个商机可供选择。

一、农村电商、农村代购创业

2015 年电商平台渠道下沉成为主流趋势，京东、阿里等电商平台开始大力进入县域、农村电商领域。中国一线城市的互联网网购人群达 4.5 亿左右，县域及农村电商市场超过 9 亿人口。随着农村互联网的快速发展，农村电商在 2015 年呈现井喷式发展，农村电商创业迎来重要的商机。

农村人群有如下特征：农村用户处于分散居住的现状；农村互联网购物还处于萌芽状态；农民口袋逐步富裕，对品牌商品的需求逐步提高，但缺乏购物途径。这个时候发展农村电商、农村代购，是一个不错的商机，可以参考以下创业模式。

（1）借平台创业模式。如阿里淘宝村、京东代购模式。这需要向平台电商申请，同时具有一定的门槛。2015 年阿里推出村淘宝计划，将推进千县万村，计划 3～5 年内投资 100 亿元，覆盖县域及农村人口 9.5 亿（占全国 70%）。京东目前招募和签约数万乡村推广员，县级服务中心超过 100 家，计划开设 500 家县级服务中心。据了解，京东对县级服务中心的全国布局从 2015 年初开始，目前百家县级服务中心和万名乡村推广员的第一阶段目标已达成。

（2）自主创业模式。集中本地用户的需求，集中向各大平台下订单代购模式，这种模式可以带动更多的农村互联网新锐人群创业。这种创业机会可行性大，创业风险较低，不需要有库存风险，需要在部分具有互联网基础的农村试点，运营者需要具备一定的电商运营经验，关键是要解决与农村用户之间的信任问题，价格、产品品质、便捷的服务是关键。

二、县域农村电商物流创业

县域经济电商物流创业是当前非常好的商机，全国的快递网络都能够到达县级城市，但要从县级覆盖到村级的物流，这是当前所有快递的一大软肋，不仅仅是普通快递包裹，还包括大家电等品类的物流需求。京东、阿里、菜鸟等各大电商平台为了布局农村电商，都在通过各种模式推动县到村级的物流网络建设。

阿里的农村物流战略中明确要在 3～5 年内建立 1 000 个县级运营中心和 10 万个村级服务站，覆盖全国 1/3 县及 1/6 农村。顺丰开始布局全国农村网络，涉及乡镇达 1.3 万个，占全国约 40% 的乡镇。其做法是顺丰鼓励员工回乡创业，把顺丰的服务网点下沉，内部创业直营模式建立乡村站点，把快递送到乡下同时推动"城乡购"，将土特产通过微店卖出。

可创办县级快递服务站，承接三通一达、顺丰、宅急送等快递企业的县级网点合作，在县到村的配送方面，如果包裹量集中，可以采用小货车配送，或者借助社会化模式整合资源，完全可以采取 Uber、滴滴打车的众包模式。

这种创业机会可行性大、创业风险低，但主要需要搞定各个快递企业在各地域的网点布局，同时对于电商快递包裹流量是否稳定进行风险评估，然后就是对自己的社会化运力资源的整合和调度。从商业模式上看，如果打通了县到村级的物流，对于"农产品进城＋工业品下乡"都有价值。

三、农村刷墙创业

刷墙的商业价值在于抓住了农村互联网的入口。百度、京东、阿里、当当等电商企业都纷纷下乡去刷墙，紧盯农村市场。在运营方式上可招募网络村官进行线下推进，雇佣农民，整合农村的小卖部等经营者，对乡村用户进行分析。把与农民打交道的语言刷在墙上，吸引农民的注意力并参与其中，上游则对接各大想进入农村市场的电商品牌、互联网品牌、家电、快递企业等。

农村刷墙是典型的农村广告导流入口。就像城市里在电梯中做广告一样，农村的路口也是广告的重要阵地，而且位置成本与劳动力成本低。但面临的挑战是如何获得上游的广告投放客户，特别是抓住品牌进入农村的客户；如何组织社会化的资源去刷墙；结合农民的语言，需要有一定创意的设计。如以下品牌的刷墙语。

易信：想要富，常用易信多种树。

百度：要销路，找百度。

淘宝：生活要想好，赶紧上淘宝。

京东：发家致富靠劳动，勤俭持家靠京东。

当当：老乡见老乡，购物去当当。

中国邮政：邮政物流真可靠，跑了和尚跑不了庙。

四、农产品直供电商创业（F2B 和 F2C）

农产品直供模式（Farm to Business，简写为 F2B）当前主要聚焦在城市本地化，消灭中间的渠道直接将产地与城市酒店、食堂、学校、机关等机构对接，这样的模式已经在全国各地出现，而且有的已获大额风险投资。这里要说的不是要去搭建这个平台，作为上游的平台，一定是多农业基地对接的，建议做农产品产地（基地端）的创业者，去帮助农民规划指导种植，然后对接上游平台，因为农民不懂电商，也不懂集中采购、订单农业，这需要新时代的新农人以创业的形式去组织、对接。线上多渠道模式（Farm to Customer，简写为 F2C），对于多品牌农业基地的产品，可以借用淘宝等平台推动 F2C 模式，直接从农场对接家庭，而且可以采取预售和订购模式，或者称为代养、代种植模式。

这个创业机会值得大家探索，传统农场主根本不懂互联网，也不懂品牌，没有商业化思维，如果在这个领域去整合挖掘，帮助农民推动以上两种经营模式，具有重要的实践价值和商业价值。

五、农特微商创业

2015 年农特微商全面爆发，如果所在地具有地标性的特产，具有农特微商的基础，那完全可以参与农特微商创业。目前，国家高度重视"互联网＋农业"的新商业模式，农特微商以全新的商业模式带动行业发展，推动产业流通变革，以新型 C2B 的扁平化供应链发展订单农业。适合农特微商创业的对象如下。

（1）基地。要有地标性农特产，具有独特价值的农特单品。产能稳定、品质可控，适合于当前的物流配送。大型基地最好走品牌化策略，中型基地和单品走众包的品牌思路，小型单品干脆就是娱乐的心态运营。

（2）渠道。只要你会使用微信、QQ 等社群工具即可。农业是一个大行业，每一个人 1/3 的工资都是用来吃，所以农特微商在社交电商时代具有重大的创业价值，1 万人创业都不够，可能要带动百万、千万人的创业。

【案例】吴永庆同样也是一个传奇式人物，他放弃了轻松的国企工作回到家乡创业，每隔 1 天就要到舍必崖村的蔬菜大棚里采摘、送菜，每每都是 4 点多就开始劳作。吴永庆在呼和浩特市赛罕区的一个村庄租下一个大棚，并请来有种菜经验的叔叔帮自己种菜进行尝试。他一边跟叔叔学习种菜的技能，一边将自己印制的写有菜品、菜价和微信名二维码的宣传单

图 7-1　拍 1 张照发到微信圈

散发给小区住户，同时还把这些信息发到了微信朋友圈。一个多月后，吴永庆通过微信朋友圈收到了他的首份订单。尽管只有 36 元钱，却坚订了吴永庆的信念。与此同时，吴永庆还制订了"不添加农药化肥、不找中间商、不讲任何理由上门送菜"的三不原则，并为自己取名"三不小菜农"。现在，吴永庆的微信好友有 1 800 多人，他的蔬菜大棚里 90% 的菜都是通过微信销售出去的。他的目标是做一名 21 世纪的新农民，现在他已离这一目标越来越近。

资料改编自：正北方网，http：//www. northnews. cn/2015/0807/1990531. shtml

六、农资集中采购平台、农机融资租赁创业

农村集中采购平台按理说是供销社的事，但中国的供销社至今还没有玩转互联网的先例。所以发展"互联网＋农业"的今天，应该尝试变革。结合农村对农资、种子、农业机械的需求，完全可以搭建一个农资的集中采购平台。如果涉及重大的农业机械设备，还可以和金融机构推动融资租赁模式，获得更大的商业空间。

这个领域具有商机，但是需要多维度的资源支持，各地供销社可能还会设有门槛，尚未完全社会化，建议进入领域创业的要选择相对发达的地方，如互联网影响程度比较高的农村。同时最好在资本的驱动下与县级和市级的相关部门对接，然后协同借力推动，这个领域的商机是绝对有的。

七、农村电商培训创业

2015 年 7 月 14 日商务部和财政部新政中中央用 20 亿扶持农村电商发展，有一个重要方向就是用于支持农村电子商务培训。整个新农业的发展培训是一个重大的市场，需要有互联网新思维的人走下去，走到县域和地方进行交流培训。

这个商机既迎合政策的需求，又以培训带动创业、创业带动就业。如果你会玩淘宝、会玩微商，尝试推动地方农村电商创业培训会有不错的价值。

八、农村旅游平台创业

农业互联网化带动的不仅是商品买卖和服务，乡村产业旅游业也具有巨大的商业价值。如果在有全国地标性特产的地方搭建农村旅游体验的大平台，以"吃货体验＋乡村游＋订单农业＋互联网营销"为一体，这个商业模式不需要太多的商业化推进，只要整合全国具有特殊性的农业基地、农特基地，然后搭建吃货旅行粉丝为群体，可以生出很多的商业模式。

【案例】微信认购田地并进行管理是目前许多地方新兴的方式。青岛市市民刘煜菲就是采用这样的方式认领了大丰收农业合作社的一份田。平时由合作社的人员帮忙打理，刘煜菲一家可以随时通过远程监控在互联网上查看田地状况。周末他们可以到自家专属的田地里享受种植和收获的乐趣。

大丰收农业合作社是青岛市示范合作社，拥有社员 123 户、大田基地 1 000 亩、冬暖式大棚 160 个，被评为全国无公害生产基地。七级社区的农商群体建了一个微信群，并发动亲戚、朋友、游客入群，转消息，树口碑，随后又建立了自己的公众号，铁杆粉丝数量不断增加。他们通过微信群、QQ 群不断向合作社订购各类农产品，到现在订购总量已超过 1 000 吨，月营业额达 300 余万元。

资料改编自：http：//www.farmer.com.cn/jjpd/nyxxh/201508/t20150811_1134024.htm

任务五　创办农产品电子商务的相关政策支持

电子商务的发展需要政府和企业的积极参与和推动。在发达国家，发展电子商务主要依靠私营企业的参与和投资，但政府仍然积极引导。在发展中国家则更需要政府的直接参与和帮助。与发达国家相比，发展中国家企业规模小、信息技术落后、债务偿还能力低，政府的参与有助于引进技术、扩大企业规模和提高企业偿债务的能力。另外，许多发展中国家的信息产业都处于政府垄断经营或政府高度管制之下，没有政府的积极参与和帮助，电子商务很难在这些国家快速发展。

目前，我国商务部、农业部、科技部等政府部门正在成为农产品电子商务的主要推力。至少在农业信息化发展的起步阶段，从某种意义上说主渠道还是要靠各级政府的政策倾斜以及财政资金扶持。2009 年 12 月，商务部出台了《关于加快流通领域电子商务发展的意见》，并指出："加快发展面向消费者的专业网络购物企业。培育一批知名度高、实力强、运作规范的专业网络购物企业，建设交易商品丰富、服务内容多样的新型商业网站。"该《意见》写道：提高社会公众对电子商务的认知度和参与度，开拓适宜网上交易的居民消费领域，培育和扩大网上消费群体。

商务部把农产品电子商务发展作为重点工程，鼓励传统农产品流通企业创新转型，发展线上线下结合的鲜活农产品网上批发和网上零售，推动形成以农批对接为主体、农超对接为方向、直销直供为补充、网上交易为探索的多种产销衔接流通格局。同时为解决因信息不对称造成的农产品"卖难"问题，商务部开通了新农村商网，会同中组部党员教育中心，在全国 27 个省的 203 个县组织开展了农村商务信息服务试点。通过发布信息、提供咨询和对接服务，累计促成农副产品销售 2 200 多万吨、交易额达 810 多亿元。商务部还建成并开通了"农产品产销自动对接平台"，建立"卖难"应急机制。为规范和支持农产品电子商务的发展，商务部从战略高度进行了统筹规划。

而在农业部方面，同样力度渐强。2009 年农业部在"一站通"和"网上展厅"的基础上，进一步整合资源，在中国农业信息网上建设了"中国农产品促销平台"，帮助农民增产增收。区域性大宗农产品交易平台也在发挥作用，山东寿光开通的中国蔬菜市场网利用信息化手段，为蔬菜生产、加工、储运、出口提供蔬菜中远期交易、网上采购与拍卖、在线交流与洽谈等电子商务服务。在政府主渠道投资的推动下我国农业电子商务建设发展的速度明显加快。在其政策激励下，近年来全国出现了一批有特色的农产品电子商务交易平台，提高了流通效率、扩大了中间需求、带动了最终需求。一些活力十足的农产品电子商务网站背后都有着明显的政府背景。

【案例】

1. 菜管家与上海市农业委员会

上海农业信息有限公司是上海农业网的建设和运营者，是专业从事农产品安全追溯系统、农业综合数据中心、农产品电子商务等领域软件开发、系统集成和信息服务的高新技术企业，先后承担了30多项国家（地区）农业信息化重点科技攻关、推广项目。其中，"农民一点通""农产品质量安全追溯平台""生猪、蔬菜等安全生产管理系统""农产品电子商务平台""农产品 RFID 管理系统"等产品已经在全国广泛应用。承办上海农科热线，以电话形式为上海乃至全国农民服务，这是公司的一个转机与契机。需要建立一个以呼叫中心加数据中心作为技术支撑的平台，把农科专家集中在一起回答热线问题，提供 365 天 24 小时全方位的服务，是公司的一个新起点。热线开通至今，通过电话咨询、网上问答、书信答复、专家下乡、远程视频等方式，已提供各类咨询服务 44 万余人次，被农民朋友亲切地称为"办在家中的农技推广站""24 小时服务的农业顾问"。随后，上海农业信息有限公司开始着手解决城市消费需求和农村生产供应情况（包括食品安全）之间信息不对称的问题，大胆建设运营一个第三方的农产品电子商务平台，建一个专注于农产品的"淘宝网"，"菜管家"应运而生。

资料改编自：农产品电子商务平台尚须政策支持，https：//www.baidu.com/link？url＝0plA88xQWjR20nMhtED1no4df-Il-lMBy1z4GJQQ1Xu3rvKbyuT9rKpfNDjfjP＿3cCH26B74hlYHsil-Tsqiotqja&wd＝&eqid＝da411f3d0000bca70000000356ecee50

2. 爱农公社与北京市科学技术委员会

张彬是恒信通电信公司的总经理，在为农村开展电信服务过程中发现了农村电商市场的商机。一直以来，郊区农户农产品销售靠的是坐等机会，运气好时获利颇丰，经常也会"砸"在手里。能依靠自己的电信服务网络为农民搭建一条比较稳定的农产品直销渠道，使农户直销有机农产品，这是"爱农驿站"的初衷，且很快形成了多赢局面：农户有了可靠的产品出口，消费者多了一种选择，张彬的公司也找到了新的定位。

经过几年的发展，"爱农驿站"已变为"爱农公社"，下设500个爱农驿站，服务对象也从最初的农户升级到部分京郊农村有机农产品特供基地和农民合作组织。"爱农驿站"名称背后的丰富政府资源再加上恒信通公司的技术实力，使得"爱农公社"的电子商务业务蒸蒸日上。一方面，通过直销保证了京郊农产品的销售，另一方面，保证了农产品的质量安全。

资料改编自：农产品电子商务平台尚须政策支持，https：//www. baidu. com/link? url＝0plA88xQWjR20nMhtED1no4dfIllMBy1z4GJQQ1Xu3rvKbyu T9rKpfNDjfjP＿3cCH26B74hlYHsilTsqiotqja＆wd＝＆eqid＝da411f3d0000bca 70000000356ecee50

【思考与练习题】

1. 创办农产品电子商务需要做哪些准备？
2. 创办农产品电子商务的农民应具备哪些条件？
3. 试说明农产品电子商务创办的过程。

模块八　农产品网络营销

【引例】当前互联网已进入农村，不少农民也学着利用网络推销农产品。山西省浑源县吴城村农民吴胜利用网络发布卖杏信息，不仅卖的快，而且价格高。平顺县在花椒受灾减产过半情况下，借力网络销售，实现减产不减收。

大同县许堡乡全乡的西瓜远近闻名，以往都是依靠老客户上门收购。近期瓜农将西瓜预计成熟时间，品种，面积等信息发布到农业信息网上，吸引来更多新客户，西瓜畅销一时，售价也大幅上涨。

应县龙泉村党支部书记刘建银认为，带动当地经济发展的主要力量就是村里建立的"龙泉在线"网站，全村三成以上的农产品都实现了网络销售，甚至村里的主导产品胡萝卜通过这种渠道远销到了国外。龙泉村为做好网络销售的配套服务体系，先后建了5座冷库、4个储藏库、1个高产丰产试验中心，配套生产胡萝卜的科研、加工、储藏产业链已形成。网络带富了龙泉村人，悄然改变着龙泉村面貌。

作为现代营销手段的网上销售，已在农产品销售中凸显优势，越来越多的农产品源源不断地进入网络购销渠道。信息畅通，农产品进入市场加快，农民也能把握商机。

资料来源：编者采集

任务一　网络市场和网络消费者

一、网络市场

网络市场是以现代信息技术为支撑，以互联网为媒介，以离散的、无中心的、多元网状的立体结构和运作模式为特征，信息瞬间形成、即时传播、实时互动、高度共享的人机界面构成的交易组织形式。从网络市场交易的方式和范围看，网络市场经历了3个发展阶段。

第一阶段是生产者内部的网络市场，其基本特征是工业界内部为缩短业务流程时间和降低交易成本采用电子数据交换系统所形成的网络市场。

第二阶段是国内的或全球的生产者网络市场和消费者网络市场。其基本特征是企业在 Internet 上建立一个站点，将企业的产品信息发布在网上，供所有客户浏览，或销售数字化产品，或通过网上产品信息的发布来推动实体化商品的销售；如果从市场交易方式的角度讲，这一阶段也可称为"在线浏览、离线交易"的网络市场阶段。

第三阶段是信息化、数字化、电子化的网络市场。这是网络市场发展的最高阶段，其基本特征是虽然网络市场的范围没有发生实质性的变化，但网络市场的交易方式却发生了根本性的变化，即由"在线浏览、离线交易"演变成了"在线浏览、在线交易"，这一阶段的最终到来取决于以电子货币及电子货币支付系统的开发、应用、标准化及其安全性、可靠性。

二、网络市场的发展现状和发展趋势

1. 发展现状　从网络市场交易的主体看，网络市场可以分为企业对消费者、企业对企业、国际性交易3种类型，企业对消费者的网上营销基本上等同于商业电子化的零售商务，企业对企业的网络营销是指企业使用 Internet 向供应商订货、签约、接受发票和付款（包括电子资金转移、信用卡、银行托收等）以及商贸中其他问题如索赔、商品发送管理和运输跟踪等。国际性的网络营销是不同国家之间，企业对企业或企业对消费者的电子商务。互联网的发展，国际贸易的繁荣和向一体化方向的发展，为在国际贸易中使用网络营销技术开辟了广阔前景。

具体说来，从网上交易的业务看，有 6 种类型。

（1）企业间从事购销、人事管理、存货管理、处理与顾客关系等，在当今美国此类业务的营业额约为 60 亿美元，且发展速度很快。

（2）有形商品销售。先在网上做成交易，然后送货上门，如书籍、花卉、汽车、服装等。

（3）通过数字通讯在网上销售数字化的商品和服务，使顾客直接得到视听等享受，主要销售的是音乐、电影、游戏等产品。

（4）银行、股票、保险等金融业务，全美约有 330 万个金融交易账户，估计在未来 3 年内每年的增长速度将达到 61%，20 世纪末达到 1.4 亿美元；网上股票交易额在 1997 年第二至第四季度暴涨了 1.5 倍，当年网上股民完成的交易额占全美股票交易额的 17%，是前两年的 2 倍以上。

（5）广告业务，美国 2012 年网络广告收入约为 10 亿美元，超过整个媒体广告收入 7% 的年增长速度。

（6）交通、通信、卫生服务、教育等业务。

2. 发展趋势 随着 Internet、WWW 的迅速发展，集计算技术、网络技术和信息技术为一体的网络营销已对传统的贸易方式形成巨大冲击，并以其快捷、方便、高效率和高效益的显著优势成为 21 世纪国际、国内贸易的主要方式；不久的将来，一个全新的、无接触的、虚拟的"电子空间市场"时代即将到来，它终将取代现有的实体化市场时代。

（1）互联网技术正在逐渐走向成熟，企业间或企业与个人之间的电子网络已加速普及。实现网络营销基础设施的硬件技术和软件技术已基本成熟。网景公司总裁克拉克说："Internet 即是人人都在寻找的信息高速公路""它将彻底改造产业结构，包括广播、出版、金融、购物、娱乐，乃至电子消费业……这是一场深刻的变化"。全球的大企业乃至中小企业都在快速地推进自身的信息化、数字化建设，这具体表现为 Intranet 即企业内部网的广泛应用；根据 Microsoft Company（微软公司）的估计，全球 50%～80% 的大企业都准备在 20 世纪末完成自身的信息化建设。企业内部网的采用将使企业的内部结构发生实质性变化；生产系统的智能化、组织管理过程的信息化、业务流程的精简化、数据信息交换的敏捷化等。

（2）全球各国政府和社会乃至个人对加快信息化建设表现出了极大的热情，并采取了各种适合本国情况的建设性措施。以新加坡为例，新加坡 41％的家庭拥有个人电脑，大约 47 万人（相当于总人口的 15％）使用互联网；劳动力中，有信息专家 3.1 万人；有 7 个提供学习信息技术的机构和 6 个研究与开发中心。近 17 年来，无论公共部门还是私营部门都几乎实现了计算机化，商业部门计算机化的程度更高。新加坡政府于 1996 年 8 月公布了《电子商务初始化方案》；1998 年 7 月政府颁布实施了《电子交易法》，为新加坡的企业开展网络营销提供了法律依据。

我国政府从 20 世纪 90 年代初以来也十分重视信息化建设。据 *PCWEEK* 对上海 706 个单位的调查表明，有 86.1％的单位认为当地政府对信息化建设非常重视，12.5％的单位认为一般重视，只有 1.8％的认为很不重视。我国政府对信息化建设的重视主要表现为相继实施了金桥、金卡、金关等一系列金字号工程。我国已建成中国电子商务网，该网在全国建立了 33 个城市网络节点，实现了与对外经贸部的内部网、国务院有关部门机构、海关总署、中国银行、欧盟、澳大利亚及联合国全球贸易中心等机构的数据专线互联，为我国外贸企业进入国际网络市场提供了良好的环境。我国政府为推动全社会特别是企业的信息化建设，把 1999 年定为政府上网年，并实现政府采购的公开化、网络化，其目的一是提高政府的办事效率，二是通过这一举措来推动企业和社会的信息化建设。我国约有 60 万国际互联网的个人用户，在北京、上海、深圳，已有近 50 家互联网络服务供应商，成千上万的制造商和供应商开始通过专门的电子贸易网址推销自己的产品和服务。

（3）世界经济的全球化和网络化。20 世纪 90 年代以来，世界经济的全球化、知识化、信息化、数字化和网络化势头一浪高过一浪，使世界经济逐步迈向"无国界"的新时代，世界级的商家领袖们如比尔·盖茨等，把这一新的经济时代描述为"无摩擦的经济时代""无接触的经济时代""数字神经系统的经济时代""企业把触角伸到全球每一个角落的经济时代"等。电子商务即网络营销是推动这一新经济时代到来的最有力的手段和机制。如今，电子商务的网络营销理念席卷全球，众多的企业已深刻地认识到经济全球化和网络化的最佳途径是发展电子商务；从 Internet、Intranet 到 WWW 等概念的提出，从 IBM 的 E-business（电子商务）到北大方正 E-government（电子管理）等解决方案的出现，都标志着现代企业力图通过电子商务把自己的触角伸到世界的每一个角落，通过网络营销以 10 倍的速度抢占市场竞争的制高点，成为网络市场竞争的赢家。

（4）全球消费者的网络购物观念和网际生活方式正在快速地形成。因特尔公司总裁葛洛夫说："美国整整一代年轻人都是在计算机教育下成长起来的，他们已将计算机视为当然之物；对他们来说用鼠标指点屏幕就和他们父母打开电视机开关一样平常，他们使用计算机格外的舒畅，而计算机的死机对他们而言就和冬日清晨他们父母无法开动汽车时的感受一样：耸耸肩，咕噜几声而已。接着就重新启动计算机"。这表明在计算机下成长起来的年轻人，利用互联网来工作、学习、以致通过网络这一新方法来购物，已由开始的兴奋到最后的离不开。随着微电子技术、软件技术和网络通讯的发展，家用计算机将具备可视化能力，可视网络营销会提供一个"虚拟现实"的多媒体环境，让人们在网上购物的过程中有身临其境的感觉，以生动的动画、视频图像，配合文字和声音等多媒体信息，使消费者挑选商品时有一个近似真实的感觉。消费者生活方式和购物方式的新变化为商家的网络营销活动提供了巨大的商机。运用网络邮购，其最大特征是消费主动性掌握在买方的消费者手中。因此，根本上改变了网络上零售商向顾客推销的方法，也就是变为消费者主导的个性化消费。

（5）电子空间市场（E-market space）已成为诱人的、高利润的投资方向。IBM 1996 年 10 月 11 日正式开通"世界大道"（WorldAvenue），"世界大道"是构筑在国际 Internet 上的一个网络购物环境，在这个网络购物环境中，IBM 提供最新的网络、数据库和技术，使零售商能够利用 Internet 确立自己的虚拟电子商场，使消费者通过 Internet 选购他们所喜爱的商品。IBM 的 World Avenue 向零售商提供了一条迅速找到他们客户的通道。如世界第一电子零售商——家庭购物网（home shopping network）已达到 10 亿美元的销售额，其网络连到 6 500 万个家庭，顾客通过网络重复购物的次数相当可观。又如，日本的一家百货公司通过网络上开设的"假象百货公司"，向全国各地推销其名牌产品，开业仅 18 个月，营业额剧增 60%，利润增加两成。

总之，随着信息时代的到来，人类的生产方式与生活方式将以开放型和网络型为导向，这是社会发展的必然结果。21 世纪将是一个全新、无接触、网络化的市场时代，网络营销将是每一个商家的必然选择。

三、网络市场的基本功能

网络公司利用网络市场的功能主要体现在利用它实现公司多元化的目标价值链：树立先锋形象、发展公共关系、与投资者保持良好关系、选择最合格的顾客群体、与客户及时的在线交流、让客户记住公司的网络通道。

1. 树立公司先锋形象　利用互联网改善公司形象，使其成为一个先锋的、高科技型的公司，是现代企业开拓网络市场最具有说服力的理由。在网络市场竞争中，作为一个拥有实力可以在竞争中制胜的公司，必须率先进入 WWW 系统，以先入为主的资格去迎合普通计算机使用者的需求，满足他们追求个性化产品及服务的欲望；先锋者形象赋予公司一种财力充足、不断创新的表象，这是公司最稀缺的、最珍贵的无形资产。如北京城乡华懋商厦是京城较早开设网上商城的零售企业，该公司负责人张女士认为公司这样做的目的是要通过网上商城来扩大知名度，使公司时刻站在信息高速公路的前沿，成为网上行销的先锋；公司的先锋者形象对于提高公司的人力资本效用有着巨大的作用，它对于想成为先锋成员的雇员来说具有莫大的吸引力，也有利于公司在网上公开招聘第一流的人才，使公司的人力资源更加雄厚。一个顽强的、机敏的、能力值高的、热情值高的员工队伍，将大大增强公司在网络市场和现实市场这双重市场上的开拓力。

2. 发展公共关系　网络公司必须在网络空间的公共关系网中占有绝对的优势。在具体的作法上，一是公司可以在电子广告栏目中描述公司发展的历史、公司的目标价值、公司的管理队伍、公司的社会责任及其对社区发展的贡献，以提高公司的社会知名度；二是公司能够利用多媒体技术（如图片、文件、音像、数字等）提供一种更为独特的服务，为顾客提供有价值的咨询信息，使访问者主动地进入你的网址，并进一步详细地阅读所有新近资料。对于访问者来说，能获得有价值的信息是令人兴奋的事，获得有价值的信息越多，访问的次数也越多，访问的频率也随之提高，被访问的网络公司在访问者心目中知名度也随之提高，访问者对被访问的网络公司的忠诚度也随之增强。总之，网络公司通过不断地向顾客提供有价值的咨询信息来吸引访问者的注意力，从而提高访问者对网络公司的忠诚程度。

3. 与投资者保持良好的关系　对于现代公司来讲，与投资者关系的好坏对公司的发展至关重要。公司可以利用 WWW 网址来建立与投资者保持良好的信息沟通的渠道，最大限度地降低信息的不对称性，从而降低投资者对公司可能存在的"道德风险""机会主义行为"的担心，提高公司与投资者之间的信用度，保持长期、双向合作。

4. 选择最合格的顾客群体　对于一个网络公司来讲，选择最合格的顾客群体是公司实现网络营销战略的关键。公司通过 WWW 网，可以大大地缩小销售的范围，而以特色的产品和特色的服务来选择最合格的、最忠实的目标顾客群体，从而实现优良的客户服务。例如，纽约有一家专营珠宝的在线零售商——Jewelry-

Web，其站点出售几乎所有种类的珠宝首饰，从 K 金饰物、白金首饰到珠宝与银器。该公司的顾客主要分为两类：一类是自用顾客，大多为女性，年龄在 35～55 岁，她们通常会再次光顾 JewelryWeb；另一类是礼品顾客，多为男性，年龄在 30～45 岁。JewelryWeb 的总裁认为，该公司成功的秘诀首先在于选择了最合格的顾客群体；其次在于优良的客户服务，这种服务是一对一式的，在顾客收到货品之后，公司通常会发出电子邮件来询问顾客是否满意；其三在于保证产品的质量并保证随时有新的商品供顾客挑选。

5. 与客户及时在线交流　公司的网址中包括了许多可以填写的表格，以解答顾客的疑问并进行有效的建议。它们就像电子邮件，沟通公司与客户。同时顾客也可以向公司的网址发来他们的忠告与建议，供公司及其他客户阅读。通过这种方式，公司可以同所有的顾客共同分享有关产品的有效信息。在线上，公司可以与顾客更为自由地进行信息往来，并允许目标顾客发出更多的反馈意见。第一件产品的发展、定位和提高全依赖于那些聪明的、有经验的顾客们的往来信息，这是公司不可或缺的一个强大的推动力。更重要的是，顾客在网络上完成互动，如果他觉得很满意，就会与好朋友分享。

6. 让客户记住您的网络通道　产品销售中的宣传效应告诉我们，应尽可能地使我们的名字醒目地出现于人们面前。产品给人们留下的印象越深，人们越有可能记住他们，进而考虑、信任，并最终买下。一些设计很好的网址能使自己的通信管道深深地嵌入人们的记忆之中。

四、网络消费者

网络消费者是指通过互联网在电子商务市场中进行消费和购物等活动的消费者人群。

网络消费者不外乎以下 6 类：简单型、冲浪型、接入型、议价型、定期型和运动型。

（1）简单型的顾客需要的是方便直接的网上购物，他们每月只花 7 小时上网，但他们进行的网上交易却占了一半。零售商们必须为这一类型的人提供真正的便利，让他们觉得在你的网站上购买商品将会节约更多的时间。要满足这类人的需求，首先要保证订货、付款系统的安全、方便，最好设有购买建议的界面。另外，提供一个易于搜索的产品数据库是保持顾客忠诚的一个重要手段。

（2）冲浪型的顾客占常用网民的 8％，而他们在网上花费的时间却占了 32％，并且他们访问的网页数是其他网民的 4 倍。冲浪型网民对常更新、具有创新设计特征的网站很感兴趣。

（3）接入型的网民是刚触网的新手，占 36％，他们很少购物，而喜欢网上聊天和发送免费问候卡。那些有着著名传统品牌的公司应对这群人保持足够的重视，因为网络新手们更愿意相信生活中他们所熟悉的品牌。另外，这些消费者的上网经验不是很丰富，一般对于网页中的简介、常见问题的解答、名词解释、站点结构之类的链接会更加感兴趣。

（4）另外 8％是议价者，他们有一种趋向购买便宜商品的本能，eBay 网站一半以上的顾客属于这一类型，他们喜欢讨价还价，并有强烈的愿望在交易中获胜。在自己的网站上打出"大减价""清仓处理""限时抢购"之类的字眼能够很容易地吸引到这类消费者。

（5）定期型和运动型的网络使用者通常都是为网站内容吸引。定期网民常常访问新闻和商务网站，而运动型的网民喜欢运动和娱乐网站。目前，网络商面临的挑战是如何吸引更多的网民，并努力将网站访问者变为消费者。对于这类型的消费者，网站必须保证自己的站点包含他们所需要的和感兴趣的信息，否则他们会很快跳过这个网站进而转入下一个网站。

五、网络消费者的特点

1. 中青年消费者的市场　中青年的消费者，特别是青年消费者在使用网络的人员中占有绝对的比重，中国当前 30 岁以下网民占到 60％，按职业分类，学生占 30％。所以，网络营销必须瞄准中青年消费者。青年人喜欢的摇滚歌星唱片、游戏软件、体育用品等都是网络上的畅销产品。这类市场目前是网络市场最拥挤的地方，也是商家最看好的一个市场。

2. 具有较高文化水准的职业层市场　最新调查显示我国上网用户中 70％接受过高等教育（大专以上）。这有其必然原因：一方面，为减少上网费用，需要上网者具有快速阅读的能力，并熟悉计算机操作；另一方面，在国外站点浏览又需要一定的英文能力。因此，教师、学生、科技人员和政府官员上网的比例较高。也正因为如此，在网络营销当中计算机软件、硬件、书籍等产品的销售较好。

3. 中低收入阶层市场　随着家庭电脑的普及，越来越多的用户选择在家中上网，这占用户总数的 60.27％。由于上网费用比较昂贵，一般用户对上网费用都比较敏感，上网费用自费的占63.37％，其他的一般都尽量利用公费上网。用户每周上网时间跟发达国家相比明显较短，用户平均每周上网时间 13.66 小时。用户在一天当中首次上网的时间多集中在早上或者晚上，一方面是晚上有集中的时间上网，再则是在晚上上网由于使用人数较白天少而速度较快，而且在后半夜上网费用实行优惠。

4. 不愿意面对销售员的顾客市场　一些顾客不喜欢面对面地从销售员那里买东西，他们厌恶销售员过分热情而造成的压力。互联网对于这些喜欢浏览、参观的顾客是一个绝好的去处，他们可以在网上反复比较，选择合适的商品。在毫无干预的情况下最后做出购买的决定。也有一些人，出于隐私的考虑，不愿意到商场购买易于引起敏感问题的商品。网上商店如果能较好地满足这些顾客对隐私权的要求，便可以获得丰厚的回报。

5. 女性将占主导地位的市场　目前最新的调查结果显示，上网用户中女性占 30.44％。但是专家认为今后女性网上购物者的人数将后来居上，逐渐超过男性，开始全面主导网上购物市场。调查表明，在被调查的女性中，9％控制着家庭中 1/3 的消费资金，15％控制家庭中 50％的消费资金，47％控制家庭中 2/3 的消费资金，29％控制家庭中 3/4 的消费资金，而且近 60％被调查家庭的消费计划也都是由女性说了算。鉴于女性对网上购物感觉越来越好，因此女性网上购物人数将超过男性在情理之中。网络营销中也应该始终保持对女性顾客的关注，一般女性较感兴趣的网上内容有服装、情感以及女性话题等。

六、影响网络消费者购买的主要因素

1. 产品特性　首先，由于网上市场不同于传统市场，网上消费者有着区别于传统市场的消费需求特征，因此并不是所有的产品都适合在网上销售和开展网上营销活动。根据网上消费者的特征，网上销售的产品一般要考虑产品的新颖性，即产品是新产品或者是时尚类产品，比较能吸引人的注意。追求商品的时尚和新颖是许多消费者，特别是青年消费者重要的购买动机。其次，考虑产品的购买参与程度，一些产品要求消费者参与程度比较高，消费者一般需要现场的购物体验，而且需要很多人提供参考意见，这些产品不太适合网上销售。对于消费者需要购买体验的产品，可以采用网络营销推广功能，辅助传统营销活动进行，或者将网络营销与传统营销进行整合。可以通过互联网来宣传和展示产品，消费者在充分了解产品的性能后，可以到相关商场再进行选购。

2. 产品的价格　从消费者的角度来说，价格不是决定消费者购买的唯一因素，但却是消费者购买商品时肯定要考虑的因素，而且是一个非常重要的因素。对一般商品来讲，价格与需求量之间经常呈反比，同样的商品，价格越低，销售量越大。网上购物之所以具有生命力，重要的原因之一是网上销售的商品价格普遍低廉。此外，消费者对于互联网有一个免费的价格心理预期，那就是即使网上商品是要花钱的，那价格也应该比传统渠道的价格要低。这一方面是因为互联网的起步和发展都依托了免费策略，因此互联网的免费策略深入人心，而且免费策略也得到了成功的商业运作。另一方面，互联网作为新兴市场可以减少传统营销中间费用和一些额外的信息费用，可以大大削减产品的成本和销售费用，这也是互联网商业应用的巨大增长潜力所在。

3. 购物的便捷性 购物便捷性是消费者选择购物的首要考虑因素之一。一般而言，消费者选择网上购物时考虑的便捷性，一方面是时间上的便捷性，可以不受时间的限制并节省时间；另一方面是可以足不出户，在很大范围内选择商品。

4. 安全可靠性 网络购买一个必须考虑的是网上购买的安全性和可靠性问题。由于在网上消费，消费者一般需要先付款后送货，这时过去购物的一手交钱一手交货的现场购买方式发生了变化，网上购物中的时空发生了分离，消费者有失去控制的离心感。因此，为减低网上购物的这种失落感，在网上购物的各个环节必须加强安全措施和控制措施，保护消费者购物过程的信息传输安全和个人隐私保护，以及树立消费者对网站的信心。

任务二　农产品网络营销渠道

一、农产品网络营销

农产品网络营销是指在农产品销售过程中，全面导入电子商务系统，利用信息技术进行需求、价格等的发布与收集，以网络为媒介，依托农产品生产基地与物流配送系统，为地方农产品提高品牌形象、增进顾客关系、改善顾客服务、开拓网络销售渠道并最终扩大销售。

1. 发展农产品网络营销的必要性

（1）农产品营销对市场信息的依赖性将进一步加大。由于农产品生产的商品化程度不断提高，而消费者的需求差异又日益呈现出个性化特征，这对农产品营销者提出了更新的要求，必须建立国际国内农产品市场信息系统，有专门人才分析农产品价格走势，分析气候对农业的影响，为农产品生产者提供技术及信息服务，确保农产品市场的有序运转。

（2）贸易全球化要求进行农产品网络营销。农产品贸易的全球化，使农民不再只为一个地区或一群人而生产，而是面向全球市场，根据国际市场的需求，确定相应的生产计划。这样有利于促进各地调整农产品结构，发展优势产品，降低相对劣势的农产品产量，达到资源的优化配置，优化组合。我国地域广阔，粮食生产有各具特色的优势。如果对市场的需求信息把握准确，就可以生产各种不同用途的农产品，从而占有广阔的农产品市场。目前我国的畜产品出口占农产品出口总量的40％，具有明显的优势。这就要求营销者运用现代信息技术与全球进行农产品贸易。

农产品网络营销在农业上的普及和发展势必突破农户封闭的生产经营方式和生活空间，带来全方位的信息，不但使农户掌握市场，更使农户了解最新农业生产技术和社会发展动态，促进农村全面实现小康社会。对于农民本身，也由传统农民变成"网农"，成为掌握现代化技术的新型农业生产者。

2. 农产品网络营销的主体

（1）农户生产规模小难以成为网络营销的主体。网络营销的主体指由谁来开展网络营销。在工业品领域一般说来生产者是网络营销的主体，但在我国，作为农产品生产者的农民很难成为农产品营销的主体。

开展农产品网络营销需要进行一些必要的投入以建立起开展网络营销的平台，而由于我国农业生产的组织化程度低，农业生产极度分散，单个农户的生产规模狭小，小生产和大市场的矛盾突出，农民收入水平还很低，由农民来开展网络营销显然难以充分发挥网络营销投入的效益。

农民素质限制其成为农产品网络营销的主体。开展网络营销对营销主体的素质提出了一些基本的要求，它要求网络营销主体要掌握基础的计算机网络技术，能够在网络上收集和发布信息，甚至要求能够进行网页设计和维护。从我国目前农民的素质来看，在相当长的一段时间内，难以达到这一要求。

网络基础设施状况使农民难以成为农产品网络营销的主体。我国目前网络基础设施建设还很不完善，地区之间还存在着很大的差异性，总的来讲，经济发达地区网络基础设施较理想，而西部落后地区则较差，城市的网络基础设施能够满足基本需要，而广大农村地区则还不具备上网的基本条件。网络基础设施建设上的约束限制了农民成为农产品网络营销的主体。

（2）现阶段农产品网络营销的主体。农民难以成为网络营销的主体，而作为连接农民与市场纽带的各种中间机构则可以有效地克服上述制约因素，成为农产品网络营销的主体。

农民经纪人。在我国广大农村活跃着一支农民经纪人队伍，他们专门提供农产品供求信息，组织农产品进入市场，是联结农民与市场的纽带。相对于单个农民而言，农民经纪人一般文化素质较高，经济实力较强，经营规模大，对信息的需求更为迫切，并且他们一般居住在交通相对便利的集镇，具备成为农产品网络营销主体的基本条件。

农民经济合作组织。近几年来，我国农村各种形式的农民经济合作组织发展十分迅速，在农产品生产和经营中起到了举足轻重的作用。农民经济合作组织是在同业的基础上，农民自发形成的农民互助组织。同单个农民相比，农民经济合作组织涉及至少上百名农户，经营规模增长明显，由于建立在同业的基础上，所以农户们对信息的需求具有共同性，能够共同分摊收集、发布、处理信息的成本。从素质能力来看，农民经济合作组织一般都是在当地"能人"的发动下成立的，能够满足开展农产品网络营销的要求。

农村基层组织。市场经济条件下，农村基层政府不应该直接干预农民的生产经营活动，生产决策应该由农民自由做出。但是鉴于农民的素质限制，农民的生产经营决策能力还比较低下。农村基层政府应该充分发挥其服务职能，通过农产品网络营销推介地方农产品品牌、收集和传递农产品市场上的供求信息、根据农产品市场信息的变化引导农民进行农业结构调整，为本地农产品营销搭建信息平台。

农业龙头企业。农业产业化经过近十年的发展，一大批龙头企业已经成为我国农产品经营中的重要力量，它们一头连接着千家万户，一头连接着农产品市场，农产品生产者和消费者的纽带，直接联系着农产品的产销。农业龙头企业采用企业化运作、规模化经营，无论从实力还是必要性看，这些龙头企业都应该成为农产品网络营销的当然主体。

二、农产品网络营销渠道

农产品网络渠道是互联网经济发展的必然产物，是一种全新的营销理念和销售服务模式，借助于互联网来实现农产品营销目标。通过网络交易平台和网站实现农产品信息发送、买卖交易对接、品牌营销等。与传统的营销渠道相比，在广告效果上，可以短时间让产品被全国客户知晓；在推广费用上，比传统宣传推广形式节省至少6倍的开支；在产品销售上，可以更快获取潜在客户的关注，提升销售总量。网络渠道服务的作用是多方面的，围绕农产品建立并完善网络销售通路是这一服务的显著特点，也是农产品营销的大趋势所在。

同传统的渠道服务相比，网络渠道服务更强调信息传达的及时性、有效性。相对于传统的销售反馈体系，反应可以更加迅速而且直接地面对客户，去除了中间经销商的信息传递，使得信息更加完整，客商双方互动效果更好。主要价值体现在三个方面。

1. 企业形象展示更为全面　通过现有的互联网媒体平台和农业类网站，从不同角度展示企业或合作社的发展情况、生产情况以及其他有利于企业的新闻信息等，现代网媒的便捷性使得这种展示更为快速有效。

2. 产品市场销售全网覆盖　产品信息通过众多的农业网站和农产品交易平台，可以更直接地为客户所了解，包括出产时间、产量、品质等等信息，全面提高农产品的交易机会，促进农产品买卖畅通。

3. 构筑稳定网络销售体系　农产品销售通过网络平台连接了卖家和买家，信息有效反馈，产品销售互动以及市场动态把握等，都可以通过网络体系进行稳定和完善，对解决农产品卖难问题具有实践价值。

其主要服务特征。

1. 农产品通过信息的形式在网络平台流动，实现类似于传统的产品展示、销售对接等。

2. 直接实现农产品卖家和买家的对接，省去诸多中间环节，供需双方信息更加通畅。

3. 专业农产品网络渠道服务商提供产品发布、渠道维护、产销对接的针对性农产品服务。

4. 农产品供应商、专业服务商、经销商可联合实现农超、农校、农贸、农社等多种形式产销一体模式。

【案例】山东寿光蔬菜产业控股集团是山东省的一家大型农业产业化企业集团，也是全国首批国家级农业产业化重点龙头企业，集团公司总资产达50多亿元人民币。集团公司顺势而为，抓住互联网经济的发展契机，依托资源、品牌和产业化运作优势，分别在天津、北川建设了两个农产品电子营销交易市场。在电子交易市场上从事蔬菜现货交易。该电子营销交易市场最大的亮点是其依托了寿光蔬菜产业集团完善的产业链条和在传统农批市场经营上十几年来积累的经验和客户资源。集团与国内各大农产品核心产区的各类型农产品生产者建立长期合作。截至目前，在全国设立了10个办事处进行市场开发，已发展服务中心1 500家、交易商30 000个，成交量从开市以来逐步增加。开市两年来，北川维斯特交易市场已经逐步打造出了一个专属农产品的电子交易平台，成功打开了农产品营销渠道，拉动了地区农业经济发展和农民增收。

过去出现农产品价格剧烈波动的主要原因在于农民的产销脱节，该种什么不该种什么完全凭感觉，不了解市场需求、信息不对称，而农产品电子交易市场的建设实现了买卖双方的网上交易，让农民在种植前就提前与买方对接，很好地解决了销路问题。同时，对买方来说，可以有稳定的货源保证，通过网上平台营销宣传去提前议价，免去长途奔波。农产品网络营销，将农产品传统的先产后销模式彻底革新为先销后产模式，使广大农民最终受益，必将从根本上促进我国农业发展。

资料来源：编者采集

任务三　农产品网络营销策略选择

一、农产品网络营销的功能定位

企业营销活动的开展必须坚持以满足顾客的需要为原则，根据顾客的需要来设计其具体的 4PS 策略，而 4PS 策略的设计又必须以企业的营销定位为依据，这样企业的营销活动才会形成一条主线，以保证企业营销活动的连贯性和一致性，企业的各种营销策略才能够真正做到相互协调、相互促进。正因如此，农业企业在开展网络营销时首先必须明确自己的网络营销定位。

网络营销定位指根据顾客对网络服务的不同要求和企业的实际情况，确定企业网站在网络市场上所处的位置。一般来说，企业的网络营销定位的核心问题是功能定位，即要清楚企业开展网络营销的主要目的和所要提供的顾客服务的具体内容。在此基础上确定企业网络营销的网站类型定位。

一般来说企业网络营销的功能主要有宣传功能（推广品牌、发布信息、收集信息）、服务功能（提供顾客服务）和交易功能（实现在线交易）。从农产品的特性来看：由于农产品一般体积较大，在运输和储藏中容易损耗，而农产品的产销又相当分散，因此对农产品物流的要求比较高，当前我国的物流系统显然难以有效地满足这一要求，导致当前我国农产品网络营销追求在线交易难度很大，而由于目前农产品的产品开发力度比较有限，顾客对服务的要求相对较少，因此农产品网络营销只能定位在宣传的层面上，即不以交易和顾客服务为主要目标，而应该以实现品牌推广、发布和收集信息作为主要目标。以宣传为功能定位决定了农产品营销的网站类型定位——宣传型网站。

二、农产品网络营销策略

1. 开展农产品网络营销的环境与条件　广义地讲，网络营销的外部环境包括网络营销基础平台以及相关的法律环境、政策环境、一定数量的上网企业和上网人口、必要的互联网信息资源、农产品品质分级标准化、包装规格化及产品编码化程度等。内部条件主要是指农户或企业开展农产品营销的所应具备的基本条件。

一般来说，开展网络营销，需要有三方面的条件，即农产品特性、财务状况和人力资源。

（1）农产品特性。网络营销适用于利润水平较高、不容易寻找消费者的农产品。例如一些特色农产品，出口农产品等。

（2）财务状况。用于网络营销的支出不是消费，而是一项投资。农户和企业等营销主体应该根据自身的财务状况制定适合自身的网络营销策略。在开展农产品网络营销之前，需要对支出进行统筹规划。

（3）人力资源。要求网络营销人员既有营销方面的知识，又有一定的互联网技术基础。要根据人才的状况确定网络营销的应用层次。

2. 无站点农产品网络营销　在网络营销中，根据有无网站可以将网络营销分为两类：无站点网络营销和基于网站的网络营销。

无站点网络营销在农产品营销中的应用主要包括通过互联网调查市场情况、免费发布农产品信息、网上拍卖、加入专业经贸信息网和行业信息网、发布网络广告等。

（1）通过互联网调查市场情况。在农产品营销过程中，了解农产品价格、需求等市场信息是非常重要的环节。在传统方式下，了解市场信息工作量大、时间长，而利用互联网可以使这个过程很方便地完成。

例如登录"中国农业信息网"（www. agri. gov. cn）来获得国内和国外的农产品价格信息和需求信息。也可网上搜索。目前国内主要的搜索引擎有百度（www. baidu. com）、搜狐（www. sohu. com）、新浪（www. sina. com. cn）等。国际的主要搜索引擎主要有 YAHOO（www. yahoo. com）、Google（www. google. com）等。

（2）免费发布农产品信息。在互联网上，有许多网站为农户和企业发布供求信息提供平台，一般可以免费发布信息，可以根据产品的特性发布相关类别。有时这种简单的方式也会得到意想不到的效果。例如，可以在阿里巴巴全球贸易网（www. alibaba. com）免费发布信息。除了阿里巴巴网站，可以发布农产品信息的网站还很多，"中国农业信息网"的"供求热线"上也可以发布信息。

（3）加入专业经贸信息网和行业信息网。行业信息网是一个行业的门户网站，由于汇集了整个行业的资源，为供应商和客户了解行业信息提供了很多方便，形成了一个网上虚拟的专业市场。如果农户和企业所在的行业已经建立了这样的专业信息网，假如行业信息网是网络营销的必要手段，即使已经建立了自己的网站，仍有必要加入行业信息网。专业信息网和行业信息网有时需要交纳一定的费用，只要可以带来潜在的收益，这些投入也是值得的。

（4）网上拍卖。网上拍卖是电子商务领域比较成功的一种商业模式，国外一些知名网站如 Ebay. com 等已经取得了很好的经营业绩。国内也已经有几家具有一定规模的网上拍卖网站。例如易趣网（www. eachnet. com）、淘宝网（www. taobao. com）等。这种方式比较简单，只要在网站进行注册，然后按照提示，很容易就可以发布产品买卖信息。

（5）网络广告。在基于互联网的广告测量中，很容易记录观众访问次数及点击广告的次数。网络广告最直接的评价标准是访问次数和点击率，即有多少人看到了此广告，又有多少人对此广告感兴趣并点击了该广告。

无站点农产品网络营销策略特别应用于当营销主体的实力还不够强大时。考虑到建立网站和维护网站所需的巨大投入，在自身实力还不很强、经营规模还不很大的情况下，不主张投资兴建自己的网站，而是选择在农业专业网站上发布供求信息（如农产品加工网、农产品市场信息网以及一些政府农业管理部门的官方网站）。这样既达到了发布信息的目的，又能够节约成本。这种营销策略经实践证明，在当前农产品营销主体实力不强，而农业专业网站有一定发展的情况下不失为一种实用的选择。

3. 基于网站的农产品网络营销 无站点营销毕竟功能有限。有一定资金实力的企业、农民合作组织以及乡镇村社区组织可以根据自身的需要建立网站，进行农产品营销。

农产品营销网站可以实现的功能主要表现在8个方面：品牌形象、产品展示、信息发布、顾客服务、顾客关系、网上调查、网上联盟、网上销售。而作为宣传型网站的农产品营销网站则一般不需要设计顾客采购页面，而应该把内容重点放在传递公司、产品、顾客服务、促销以及售后服务等信息上来。从网站的风格来看，由于立足于宣传，所以应该更加注重网站风格与经营产品的统一，在色彩搭配、网站布局等方面彰显自身特色。

（1）农产品营销网站的3种基本形式。尽管每个企业网站的规模和表现形式各有特色，但从经营的实质来说，不外乎信息发布、产品销售、电子商务这三种基本形式。

信息发布型企业网站：信息发布型网站属于初级形态的企业网站，不需要太多的技术，而是将网站作为一种信息载体，主要功能定位于企业信息发布，包括公司新闻、产品信息、采购信息等用户、销售商和供应商所关心的内容，多用于品牌推广及沟通，网站本身并不具备完善的网上订单跟踪处理功能。

网上销售型企业网站：在发布企业产品信息的基础上，增加网上接受订单和支付功能，就具备了网上销售的条件。网上销售型企业网站的价值在于企业基于网站直接面向用户提供产品销售，改变传统的分销渠道，减少中间流通环节，从而降低总成本，增强竞争力。

电子商务综合网站：企业网站的高级形态，不仅仅将企业信息发布到互联网上，也不仅仅用来销售公司的产品，而是集成了包括生产过程在内的整个企业流程一体化的信息处理系统。这种类型的网站目前在一些电子行业和制造业应用较多，如海尔集团，在农业行业还未有应用。

（2）网站的规划与建设。确定网站建设的解决方案，如服务器托管、虚拟主机、租用网页空间等，域名是网站在互联网上的名字，选取域名是电子商务网站规划的第一步，域名是企业在 Internet 上的品牌，是企业的无形资产，且在全球具有唯一性。因此它的价值要高于企业传统的名字、商号或商标。域名是企业进入 Internet 时给人们的第一印象，第一印象使人产生丰富的联想从而对企业及其产品会起到关键性的促进作用，进而提升企业形象。一个好的域名应该简洁、明了、短小、好记、含义深刻、有自己的个性特征。如果企业缺乏网络营销的专门人才，最简单的方法就是把产品的网上推广委托网络服务公司代理。

（3）站点的设计与开发。站点设计与开发包括模式设计、内容设计和网站管理系统开发等内容。网站模式设计应该考虑以下两点。

① 站点导航模式。站点导航可方便访问者在访问网站某一页面时，通过链接直接访问和了解网站其他相关页面。为方便访问，最好每个页面使用格式相同的导航方式。

② 主页规划。主页规划就是安排主页的版面布局、页面格式等内容。网站内容设计就是根据网站规划和设计好的网站模式，将有关信息内容制作成网页。网页制作分为静态网页和动态交互功能的网页。在进行网页设计制作时，要注意页面内容的针对性和准确性。网站管理系统是一些运行在网络服务器上的网络管理软件。现在有许多网站管理软件，可以根据网站模式和营销目的选择使用，也可以根据服务对象和营销目的进行二次开发。

（4）营销网站的推广和维护。营销站点的推广有多种方法，例如搜索引擎加注、电子邮件、新闻组、BBS、友情链接以及广告互换等。

【案例】

1. 宁波农民每年依托网络销售农产品超 10 亿元

在经济发达的宁波，广大农民利用网络信息平台发布农产品信息有效地提升了当地农产品的知名度。果农陈海珍是该地区网上销售蜜梨的第一人，有了网络他不再四处奔波找市场，如今"洪塘蜜梨"已远近闻名，北京、上海的客户主动上门。

宁波农业信息平台是政府、企业、农民三方合作建设起来的，现已形成市、县（市）区、乡镇（街道）、村四级网络体系。镇海区湾塘村的草莓种植户由"提篮小卖"到"网络营销"，在网上发布信息，便有客户盈门。上网销售已成为种植户每天必做的工作。网络销售大大降低了农民销售产品的经济成本和时间成本，加强了农户与市场的密切关系，营销目标清晰，营销针对性增强，效果明显。

2. 甘肃农民将农产品"搬"上网

甘肃省在现代化网络的浪潮下也勇猛向前，目前甘肃省以"甘肃农业信息网""甘肃新农村商务网"为龙头，提供农产品市场供求等信息服务。国家和地方都在探索农产品网络营销模式。以甘肃白银市销售经纪人赵永明为例，她通过互联网向全国各地推销当地的优质农副产品，她认为网络销售农产品是大势所趋，成本低、作用大。农民播种时可以尽量规避风险，销售时减少购销环节，追求利益最大化。赵永明从 2003 年开始跟网络亲密接触，借助网络平台，为当地群众销售农产品 7 年总成交额约 3.68 亿元。

资料来源：编者采集

【思考与练习题】

1. 什么是网络市场，有哪些基本功能？

2. 网络消费者有哪些类型和特点？

3. 影响网络消费者购买的主要因素有哪些？

4. 你怎样理解中国现在农产品网络营销主体？

5. 农产品为何选择网络营销渠道？

6. 农产品网络营销策略有哪些？

模块九 农产品移动电商与营销

【引例】"小农女"营销团队是由 3 个年轻有为的青年组成，主营业务是卖菜。对于如何卖出特色，他们抛弃了传统的市场销售渠道，改用微信来营销。

小农女团队把深圳科技园附近的居民作为目标客户，把新鲜净菜作为主营产品。营销基本模式是微信用户前一晚用微信预订，小农女团队会在早上 5 点采购菜品，在下午 4～6 点配送，实现当天采摘当天消费。

小农女团队仍在不断的摸索中前进、创新。小农女成绩的取得可总结为以下 5 点。

1. 品牌创意十足。"小龙女" 3 个字足以吸引人们的关注。

2. 宣传推广创新。微信高速成长时期，"微信送菜"具有极好的宣传效果。

3. 营销策划到位。把图文信息分享到自己朋友圈即有机会获得特价菜，每天 30 个特价单，每单赔 10 元，售价 9.9 元。

4. 推送无广告化。小农女组织有关饮食人文、创业想法的交流等活动，拉近了与用户的距离。

5. 净菜配送上门。方便周到。

资料改编自：微信营销成功案例，http：//wenku. baidu. com/link？url＝2QeCZppvhH81D4OYAyi9eEDP8Sk0p0OQhPKPfo0OX WiWZ5PxBvSMXtP8ej xZw－sxSNKr8KWSp－gNNPjrymfowq2yi RQuEKcrNUVQ4Sk4lNe

任务一　移动互联网带来的商机

2015 年 6 月工业和信息化部发布的《通信业经济运行情况报告》显示，我国移动互联网用户突破 9 亿，移动电话用户规模近13 亿，4G 用户总数达到 2.25 亿，占移动电话用户的比重达17.4%。移动互联网的用户人群巨大，必须带来巨大的商业价值，而且目前关于移动互联网带来的商业价值还在不断地完善。

一、移动互联网的商业模式类型

目前移动互联网有 APP 增值、行业定制、电商、广告和个性化定制 5 种主要商业模式，随着移动互联网产业链的逐步完善，新的商业模式会被不断创造出来。

1. APP 增值模式　APP 是应用软件，目前手机的应用软件大致分为个人用户应用和企业级应用。个人用户应用是面向个人消费者的，企业级应用是面向企业用户开发的。当互联网进入移动互联网时代，个人用户应用和企业级应用已经成为人们的一种需求，这对移动互联网创业型公司来说是一个很好的机遇。目前 APP 增值服务有两种类型：其一是直接付费的 APP 软件，如手机游戏、手机阅读这种类型的 APP 软件，有相当一部分是付费 APP，通过用户付费成为会员的方式使 APP 增值；其二是"基础免费＋增值服务"，就是客户在下载或使用 APP 软件的时候是免费的，但如果想获得更多的优势，就必须付费。这种模式对移动互联网创业型公司非常重要。

2. 行业定制模式　行业定制模式是企业针对自己的需求，授权操作系统、企业级应用、本地版手机导航、移动办公应用等的B2B 交易商业模式。这种模式门槛比较高，着眼于产业链的上游需求，以 B2B 的项目合同制授权厂商按照数量或者开放功能等对被授权方收取费用，提供前置化的产品和服务。

3. 电商模式　对于企业来说，移动电子商务模式是最被看重的商机模式。移动电商的最大优势就是实现了消费者随时随地按需求定制服务、利用碎片化时间，通过智能终端便捷查找、选择、比价并最终购买商品和服务。这种模式也是目前手机增值模式中应用最广的一种模式，从移动电商零售、手机团购到手机生活类服务等移动 B2C 交易，都属于移动电商模式。

4. 广告模式 广告模式是移动互联网变现的另一个主要方向。尽管目前移动应用广告还未成熟，但已有很多自媒体平台通过广告实现了移动互联网的增值服务。目前移动广告的变现主要包括按流量、按点击率、按交易等来进行付费。但随着移动互联网的不断成熟，在未来，付费的内置搜索结果、付费的信息服务清单、对特定人群的第三方付费等模式也将是移动广告未来的发展热点。

5. 个性化模式 个性化需求已经成为当代人的一种追求。而随着移动互联网的发展，在将来会有更多的应用模式围绕用户的个性化需求而构建，将会出现一系列以服务生态为基础、用户个性化需求为核心、内容服务为告慰的新型商业模式。

二、移动互联网商业产业链

移动 应用市场产业链目前包括移动终端厂商、操作系统提供商、电信运营商、平台提供商、应用开发商、内容提供商、广告主/广告代理商、支付提供商、用户等。

移动终端厂商 便捷的移动硬件接入设备是移动互联网的基础平台，以智能手机为手表的终端更是用户接入移动互联网的重要工具和入口。

操作系统提供商 手机操作系统是智能手机的核心，是连接的硬件、承载应用的关键平台。目前，Google、苹果和微软是全球操作系统的三大主阵容。

电信运营商 运营商是指提供网络服务的供应商，如苹果、三星等这些通信设备的生产厂家叫生产商，而中国联通、中国电信、中国移动这些公司叫运营商，他们分别建立了自己的移动业务基地，也有各自的移动应用商店，同时也与各终端厂家合作推出了各自的定制机，但曾经高度集权的电信运营商的经营模式正在弱化。

平台提供商　居于产业链的最核心位置，成为连接产业上下游的中间环节，是移动应用产业链的驱动力量。平台提供商主要为用户提供产品和服务，为广告主提供相应的营销推广服务，并成为各环节产品的呈现平台。

应用开发商　主要为平台运营商提供应用的供应企业或个人。随着开发平台的不断发展，越来越多的开发者加入到开放平台的产业链，使得开放平台的应用内容更加丰富化。

内容提供商　向互联网或移动互联网提供大量、丰富又实用的信息服务提供商，包括搜索引擎、虚拟社区、电子邮件、新闻娱乐等。其中服务提供商（Service Provider，SP），是移动互联网服务内容、应用服务的直接提供者，常指电信增值业务提供商，负责根据用户的要求开发和提供适合手机用户使用的服务。利用短信、彩信、WAP 等方式，通过电讯网络运营商提供的增值接口，向用户提供信息服务，然后由运营商在用户的手机费和宽带费中扣除相关服务费，最后运营商和 SP 再按照比例分成。

广告主/广告代理商　广告代理商习惯上被称为"广告公司"，即《中华人民共和国广告法》中所称的广告经营者，一般设有许多职能和业务部门。它是由一些创作人员和经营管理人员所组成的，能够为广告客户制定广告计划、商业宣传、制作广告和提供其他促销工具的一个独立性机构。

支付提供商　支付提供商是移动电商模式的核心，它是独立于银行和电信运营商的第三方经济实体，同时也是连接电信运营商、银行和国家的桥梁和纽带。通过交易平台运营商，用户可以实现跨银行的移动支付服务。

用户　广泛的含义是使用者，即使用产品或服务的一方。用户数量的大小是衡量开放平台价值的重要指标之一。用户基数决定了用户能够为平台带来的潜在价值，同时也决定了品牌对广告主的吸引力。

三、移动互联网常见的收费模式

移动互联网目前的变现形式主要有以下几种。

1. 前向收费　互联网的一种商业模式，即面向信息使用者或浏览者收费。包括用户包月费、点播费等。这种方式有游戏类、视频类等重要内容资源性网站。这类网站具有极强的吸引力，且相对封闭，不可替代，只有具备以上特点才有可能促使前向客户去支付费用。代表厂商如 EA、暴雪、盛大等。

2. 后向收费　主要对企业单位或信息提供者收取费用，包括广告发布费、竞价排名费、冠名赞助费、会员费等费用。是互联网网站采用最多的盈利方式之一。

3. 前向＋后向混合型收费　主要分为两种模式，一种是提供互联网平台，实现纯粹的前向、后向同时收费；另一种是相对多元化的网站，既有面向前端客户收费的模式，也有面向后端客户的收费模式。比如腾讯，既有前向收费，如付费表情软件，也有后向收费模式，如广告等。

任务二　全面认识微信

一、微信的概念及发展

微信（WeChat）是腾讯公司于 2011 年 1 月 21 日推出的一个为智能终端提供即时通讯服务的免费应用程序，微信支持跨通信运营商、跨操作系统平台，通过网络快速发送免费（需消耗少量网络流量）语音短信、视频、图片和文字，同时也可以使用通过共享流媒体内容的资料和基于位置的社交插件"摇一摇""漂流瓶""朋友圈""公众平台""语音记事本"等服务插件。截至 2015 年第一季度，微信已经覆盖中国 90% 以上的智能手机，月活跃用户达 5.49 亿，用户覆盖 200 多个国家、超过 20 种语言。此外，各品牌的微信公众账号总数已经超过 800 万个，移动应用对接数量超过 85 000 个，微信支付用户则达到了 4 亿左右。

二、微信功能介绍

1. 基本功能

聊天　支持发送语音短信、视频、图片（包括表情）和文字，是一种聊天软件，支持多人群聊（最高 40 人，100 人和 200 人的群聊正在内测）。

添加好友　微信支持查找微信号（具体步骤：点击微信界面下方的朋友们—添加朋友—搜号码，然后输入想搜索的微信号码，点击查找即可）、查看 QQ 好友添加好友、查看手机通讯录和分享微信号添加好友、摇一摇添加好友、二维码查找添加好友和漂流瓶接受好友等 7 种方式。

实时对讲机功能　用户可以通过语音聊天室和一群人语音对讲，但与在群里发语音不同的是，这个聊天室的消息几乎是实时的，并且不会留下任何记录，在手机屏幕关闭的情况下也仍可进行实时聊天。

2. 微信支付

（1）微信支付介绍。微信支付是集成在微信客户端的支付功能，用户可以通过手机完成快速的支付流程。微信支付向用户提供安全、快捷、高效的支付服务，以绑定银行卡的快捷支付为基础。

支持支付场景　微信公众平台支付、APP（第三方应用商城）支付、二维码扫描支付、刷卡支付，用户展示条码，商户扫描后，完成支付。用户只需在微信中关联一张银行卡，并完成身份认证，即可将装有微信 APP 的智能手机变成一个全能钱包，之后即可购买合作商户的商品及服务，用户在支付时只需在自己的智能手机上输入密码，无需任何刷卡步骤即可完成支付，整个过程简便流畅。

微信支付支持以下银行发卡的贷记卡，深圳发展银行、宁波银行。此外，微信支付还支持以下银行的借记卡及信用卡，招商银行、建设银行、光大银行、中信银行、农业银行、广发银行、平安银行、兴业银行、民生银行。

（2）微信支付规则

① 绑定银行卡时，需要验证持卡人本人的实名信息，即姓名、身份证号。

② 一个微信号只能绑定一个实名信息，绑定后实名信息不能更改，解卡不删除实名绑定关系。

③ 同一身份证件号码只能注册最多 10 个（包含 10 个）微信支付。

④ 一张银行卡（含信用卡）最多可绑定 3 个微信号。

⑤ 一个微信号最多可绑定 10 张银行卡（含信用卡）。

⑥ 一个微信帐号中的支付密码只能设置一个。

⑦ 银行卡无需开通网银（中国银行、工商银行除外），只要在银行中有预留手机号码，即可绑定微信支付。

应注意：一旦绑定成功，该微信号无法绑定其他姓名的银行卡/信用卡，请谨慎操作。

2014 年 9 月 13 日，为了给更多的用户提供微信支付电商平台，微信服务号申请微信支付功能将不再收取 2 万元保证金，开店门槛将降低。保证金的取消无疑是对微信支付门槛的大大降低。"未来一段时间内或将有大批商户开始申请接入微信支付，每天新增 1.5 万用户，据业内人士分析，这一数据年底有望突破 1 000 万，将超过淘宝 800 万的卖家数目。微信降低支付门槛，更多的淘宝卖家和新型创业者将会大量涌向微信公众平台，势必会迎来更多的企业用户注册。

从 2015 年 10 月 17 日起，微信支付开始逐步恢复测试转账新规。每人每月转账＋面对面收款可享受 2 万免手续费额度，超出部分按照 0.1% 的标准收取支付的银行手续费。为优化服务资源配置，微信会更倾向于将资源倾斜给更广泛的小额转账及红包用户。小额转账及红包依旧免收手续费，不受影响。

3. 微信提现 2016 年 2 月 15 日，腾讯客服发布公告称，自今年 3 月 1 日起，微信支付对转账功能停止收取手续费。同日起，对提现功能开始收取手续费。微信方面向新浪科技表示，对提现交易收费并不是微信支付追求营收之举，而是用于支付银行手续费。

具体收费方案为，每位用户（以身份证维度）终身享受 1 000元免费提现额度，超出部分按银行费率收取手续费，目前费率均为 0.1％，每笔最少收 0.1 元。微信红包、面对面收付款、AA 收款等功能不受影响，免收手续费。

4. 其他功能

① 朋友圈　用户可以通过朋友圈发表文字和图片，同时可通过其他软件将文章或音乐分享到朋友圈。用户可以对好友新发的照片进行"评论"或"赞"，用户只能看相同好友的评论或赞。

② 语音提醒　用户可以通过语音告诉 Ta 提醒打电话或是查看邮件。

③ 通讯录安全助手　开启后可上传手机通讯录至服务器，也可将之前上传的通讯录下载至手机。

④ QQ 邮箱提醒　开启后可接收来自 QQ 邮箱的邮件，收到邮件后可直接回复或转发。

⑤ 私信助手　开启后可接收来自 QQ 微博的私信，收到私信后可直接回复。

⑥ 漂流瓶　通过扔瓶子和捞瓶子来匿名交友。

⑦ 查看附近的人　微信将会根据您的地理位置找到在用户附近同样开启本功能的人。

⑧ 语音记事本　可以进行语音速记，还支持视频、图片、文字记事。

⑨ 微信摇一摇　是微信推出的一个随机交友应用，通过摇手机或点击按钮模拟摇一摇，可以匹配到同一时段触发该功能的微信用户，从而增加用户间的互动和微信黏度。

⑩ 群发助手　通过群发助手把消息发给多个人。

⑪微博阅读　可以通过微信来浏览腾讯微博内容。

⑫流量查询　微信自身带有流量统计功能，可以在设置里随时查看微信的流量动态。

⑬游戏中心　可以进入微信玩游戏（还可以和好友比分），例如"飞机大战"。

⑭微信公众平台　通过这一平台，个人和企业都可以打造一个微信公众号，可以群发文字、图片、语音 3 个类别的内容。目前有 200 万公众账号。

微信在 iPhone、Android、Windows Phone、Symbian、Black-Berry 等手机平台上都可以使用，并提供多种语言界面。

5. 账号保护　微信与手机号进行绑定需要 4 步：首先在"我"的栏目里进入"个人信息"，点击"我的帐号"；然后在"手机号"一栏输入手机号码；接着系统自动发送 6 位验证码到手机，成功输入 6 位验证码后即可完成绑定；当"账号保护"一栏显示"已启用"时，即表示微信已启动了全新的帐号保护机制。

三、微信公众平台

1. 微信公众平台介绍　微信公众平台是腾讯公司在微信的基础上新增的功能模块，主要有实时交流、消息发送和素材管理。用户可以对公众账户的粉丝分组管理、实时交流，同时也可以使用高级功能——编辑模式和开发模式对用户信息进行自动回复。当微信公众平台关注数超过 500 时就可以去申请认证的公众账号。用户可以通过查找公众平台账户或扫一扫二维码关注公共平台。

2013 年 10 月 29 日，微信发布了新版公众平台，新平台支持服务号进行新的微信认证。

此外，微信还开放了部分高级接口和开放者问答系统。此次微信开放的高级接口权限包括语音识别、客服接口、oAuth 2.0 网页授权、生成带参数二维码、获取用户地理位置、获取用户基本信息、获取关注者列表、用户分组接口等 8 项。

2014 年 1 月 15 日晚，微信发布了货币型基金理财产品——理财通，被称为微信版"余额宝"。

微信网页版指通过手机微信（4.2 版本以上）的二维码识别功能在网页上登录微信，微信网页版能实现和好友聊天、传输文件等功能，但不支持查看附近的人以及摇一摇等功能。

QQ 浏览器微信版的登录方式保留了网页版微信通过二维码登

录，但是微信界面将不再占用单独的浏览器标签页，而是变成左侧的边栏。这样方便用户在浏览网页的同时使用微信。

2. 微信公众平台类型　　2013 年 8 月 5 日，微信公众平台升级，将微信公众平台分成订阅号和服务号两种类型。

（1）服务号的功能。公众平台服务号，是公众平台的一种帐号类型，旨在为用户提供服务。如招商银行、中国南方航空。

① 1 个月（30 天）内仅可以发送 1 条群发消息。

② 发给订阅用户（粉丝）的消息，会显示在对方的聊天列表中。

③ 在发送消息给用户时，用户将收到即时的消息提醒。

④ 服务号会在订阅用户（粉丝）的通讯录中。

⑤ 可申请自定义菜单。

（2）订阅号的功能。公众平台订阅号，是公众平台的一种帐号类型，为用户提供信息和资讯。如骑行西藏、央视新闻。

① 每天（24 小时内）可以发送 1 条群发消息。

② 发给订阅用户（粉丝）的消息将会显示在对方的订阅号文件夹中。

③ 在发送消息给订阅用户（粉丝）时，订阅用户不会收到即时消息提醒。

④ 在订阅用户（粉丝）的通讯录中，订阅号将被放入订阅号文件夹中。

⑤ 订阅号不支持申请自定义菜单。

3. 订阅号、服务号设置方法　　进入公众平台—设置—账号信息—类型—升为服务号/订阅号—选择确定即可。

需要注意的是，公众号只有 1 次机会可以选择成为服务号/订阅号，类型选择之后不可修改，请慎重选择；选择"服务号"时，若您之前公众号选择的是"个人类型"，需要您选择企业、媒体、政府、其他组织类型重新登记相关信息。

四、微信营销

1. 微信营销的优势　　微信营销是一个新型的互联网营销方式，

发展前景非常值得期待。毫无疑问，微信已经成了当下最火热的互联网聊天工具，而且根据腾讯 QQ 的发展轨迹看，微信的发展空间仍然很广阔。

微信使得信息交流的互动性更加突出，无论你在哪里，只要带着手机就能够很轻松地同未来的客户进行很好的互动。

通过微信，能够获取更加真实的客户群，微信的用户是真实的、私密的、有价值的，也难怪有的媒体会这样比喻："微信 1 万个听众相当于微博的 100 万粉丝"，虽然有夸张成分，但却有一定的依据性。

因此微信营销经过预热和不断熟练，凭借其自身优势，已经成为企业营销的一大利器。

2. 确定微信营销的目的　微信作为一种移动媒体，在进行微信营销之前，首先要明确微信营销的目的是什么？

（1）作为媒体存在。微信是一种很好的移动自媒体，通过微信营销，首先要确定目标人群，确保人群属性的精准性。如他们是喜欢美食还是喜欢旅游，是哪个地区的用户，在微信营销时，应尽可能做到精细化。

（2）作为电商存在。微信以一种往电商方向发展的形式存在，这也是绝大多数企业进行微信营销的关键。企业利用微信营销，必须做到销售和售后服务两部分。首先尽可能将所售商品的相关知识、促销知识推荐给身边的好友，其次作为电商客服工具，及时解答用户在购买产品、使用产品或服务过程中遇到的各种问题及相关事项。

（3）作为品牌形象存在。对于企业来说，微信平台还具有树立品牌形象的作用，很多企业的微信平台作为企业的官方平台存在，它的形象就代表着企业或产品品牌的形象。

3. 微信平台吸引粉丝的技巧

（1）吸引粉丝的常用技巧

① 利用个人微信号为微信公众号宣传。运营微信公众号不是叫用户直接微信搜索某某关注，大家也不要忽略了个人微信号的作

用。比如，个人微信有附近的人、摇一摇，尽可能多添加手机QQ好友、添加手机联系人、朋友圈等功能。一定要结合起来使用，把用户吸引到公众号上。

② 利用亲人，朋友关系帮助宣传公众号。通过亲人、朋友间的关系来帮助公众号加粉。比如，叫朋友帮忙转载公众号里的内容到他的朋友圈，加大微信营销宣传。

③ 利用手机陌陌、微视、微博、来往、QQ、论坛、分类信息网等留言发贴宣传。现在各种其他社交软件对微信营销的产品加以宣传，可以利用这些平台来宣传微信公众号。

④ 利用公众号二维码来增加粉丝。微信公众号一般都会叫用户直接微信搜索名称。其实，微信公众号的二维码是非常不错的。大家可以把平台的头像换成二维码图片，在宣传的时候也要带上二维码。总之，能放二维码图片的地方都要放上，让用户关注。

⑤ 寻找合适的营销手段宣传公众号。如利用免费送东西、微信发红包模式、趣味测试游戏等多种手段宣传公众号。

⑥ 利用软文推广宣传微信公众号。在微信营销宣传中多写与农产品相关的文章，最好图文并茂。大家可以写一些经验、知识、技巧类的文章吸引用户观看。对于农产品，营养类的食品大家都比较感兴趣，然后就可以在文章中引导用户关注公众号的信息。写好文章后发布在各大和自己行业相关的网站、论坛，也可以到一些平台去投稿。

⑦ 利用媒体宣传微信公众号。媒体平台有很多，像一些报纸、新闻平台、广播平台等，大家可以花钱叫他们帮忙推广。这些平台一般都是很有实力的，投放一次效果应该很不错，只要策划做好了就行。但费用也较高，一般人承受略有困难。

⑧ 模仿别人的运营方法来加粉。运营微信公众号，为什么别人的粉丝那么多，自己的号粉丝却那么少呢，原因当然是有的，不管是什么，一定要学习、研究。多关注一些成功的公众号，看他们是如何运营的。小到内容，细到引导，都要用心研究。

【案例】1号店在微信营销中推出了"你画我猜"活动，用户关注 1 号店的微信账号后，会收到 1 号店每天给订阅用户摄像头的一张图像，用户可以发送答案从而参与这个游戏。如果猜中图像答案而且在所规定的名额规模内就可以获得奖品。

其实"你画我猜"的概念来自于火爆的 APP 游戏 drawing something，并非 1 号店自主研制，1 号店初次把游戏结合到微信活动推广中来，取得了满意的效果。

资料改编自：百度文库，http：//wenku. baidu. com/link? url＝JzSr3rn FnomRiZDMUyKzDk6dW5NrIWQU6TGXm444jiW6 RMNTcTr85qnok0－6X2 OD5FIB5r8Zn6wyDIOR5xy37yTsoL0lC4 i2rMLRHCBrf07

（2）做好内容营销。在微信运营过程中，要让更多的客户喜欢你的平台，本质上还要将营销内容做好，把好的内容传递给客户。

① 要寻找特定目标人群。了解微信内容的目标群体有哪些，把他们所关注的因素搞清楚，挖掘出有重点价值的客户群。

② 使用专业的编辑人员。专业的编辑人员应具备一流的编辑和写作能力，社会化媒体参与能力和数据分析能力。

③ 寻找全体效应的媒体，媒介要权威，尽量寻找行业的核心人物或意见领袖，提升营销效果。

④ 体现品牌精神，拉近与客户的距离。

⑤ 转化入口要顺利流畅。如一键加好友、微信扫一扫、直接购买按钮、收藏转发按钮等，这些入口的存在非常重要。

⑥ 多渠道播放营销内容。主要是第三方媒介，充分发挥第三方媒介的作用。

⑦ 培养内容营销习惯。做好内容营销并不是一件简单的事，必须能够坚持才能起到效果。

⑧ 找到最适合自己的制作方法。实践出真知，只要认真努力去做，一定能够找到最适合自己的方法，那么这种方法就是对的。

⑨ 追踪衡量内容效果。以上 8 条最终的结果就是为了实现和衡量营销内容效果如何，因此这是最为重要的一条。

（3）发布内容

① 发布时间。早上 7:00～8:30，很多人都在上班前或上班途中，可以利用这个"碎片"时间发朋友圈，但这个时候最好不要发广告，以心情、笑话、励志、天气或有营养价值的内容为主。

中午 12:30～13:00，忙碌了一上午，中午饭后，大家习惯性地打开朋友圈，看看大家的新动态，可以选择性地发一条产品信息。

下午 17:30～18:00，下班路上，可以发"在打包物品"或发完货的心情等信息。

晚上 20:00～22:00，发与产品相关的知识信息、顾客用过的反馈及自己的生活照等。好好利用这段产品宣传的最佳时间。

② 每天发布信息条数。结合上述发布时间，一般来说，每天发布信息 5～6 条为最佳，最多不应超过 10 条，否则可能会适得其反。

③ 发布的内容。发布的营销内容进行产品推广时，不宜做得繁杂，要先推主打产品，再逐步推进其他产品。同时要在不同的季节推出不同的产品，同时考虑性别的不同需要，另外主打产品要与自己的销售目标保持一致。

【案例】你听过天天踏歌么？天天踏歌是提供天然有机农产品的网上集市。它采用的是订单农业和社区支持农业进行供需合作互助的 CSA 模式，并且和北京最大的连锁便利店好邻居合作，拥有全温层物流和覆盖北京市区的多个自提网点，从京郊数十个小规模纯天然农庄产地直送，为餐桌及时提供蔬菜、牛奶、禽蛋、散养畜肉、有机水果等纯天然生鲜食品。

天天踏歌首先发布了一条朋友圈，并且被赞 5 次，就能免费获取一箱良心橙的活动。本次活动的内容摘要如下：集齐 5 个赞免费领取价值 38 元良心橙一箱——来自赣南深山的踏歌良心橙，没有橙王故事，没有显赫身家，但因为不催熟、不打蜡、不染色，自然成熟的天然酸甜味道，绝对真实、安全而美好。这种质朴的味道，是我们一直在追寻和坚持的。因为在我们看来，食物安全是最基本的需求，食物本来的味道无需太多故事包装、无需华丽辞藻修饰，我们一直坚信，好的食物本身就会证明它的与众不同。

集齐 5 个赞即可免费领取良心橙 1 箱。

（1）将本条微信内容分享到朋友圈；

（2）收集 5 个以上（包含 5 个）好友的"赞"；

（3）12 月 6 日前，把有"赞"的微信截图发给"天天踏歌"官方微信。

完成"点赞"任务的同学，每人都可以领取一箱价值 38 元的良心橙！

资料来源：编者采集

任务三　移动电商

互联网的出现改变了人们生活、工作的传统模式，打破了时间、地域的限制，给予人们更多的信息。但随着互联网与无线通信技术的发展，人们已不满足在固定地点与互联网的连接，而是希望随时随地获取和处理需要的信息。无线互联的出现，实现了人们"随时随地与任何人通信"的愿望。越来越多的人相信，移动电子商务的时代就要来临，而且在未来的移动电子商务领域存在着巨大的潜在市场。

一、移动电商的相关概念

互联网、移动通信技术和其他技术的完美结合创造了移动电子商务，移动电子商务以其灵活、简单、方便等特点开始受到消费者的欢迎。通过移动电子商务，用户可随时随地获取所需的服务、应用、信息和娱乐。

1. 移动电商的概念　移动电子商务（M-Commerce）活动是电子商务的扩展与延伸。简单来说，移动电子商务和电脑上的电子商务过程差不多，只不过将其移到了手机等移动终端屏幕上。通过手机、掌上电脑、笔记本电脑等移动通信设备与无线上网技术结合作为主干通信技术的电子商务体系。

移动电子商务不仅能提供互联网上的直接购物，还是一种全新的销售与促销渠道。它全面支持移动互联网业务，可实现电信、信息、媒体和娱乐服务的电子支付。不仅如此，移动电子商务不同于目前的销售方式，它能完全根据消费者的个性化需求和喜好定制，用户随时随地都可使用这些服务。设备的选择以及提供服务与信息的方式完全由用户自己控制。互联网与移动技术的结合为服务提供商创造了新机会，使之能够根据客户的位置和个性提供服务，从而建立和加强其与客户的关系。

2. 移动电商的特点

（1）安全性。鉴于移动通信的本质，安全性对于移动电子商务是非常重要的。任何人通过无线网络传送信息理论上其他人都可以截获资料。虽然移动通信运营商已经对信息加密，但是移动电子商务和银行系统需要更高级的安全保障。例如，运营商必须提供对端至端信息传送的加密，这些是移动网络运营商在其现有的数字移动系统中无法提供的。

（2）冗余度。移动电子商务和银行系统有很高的冗余度，能够应付数百万个用户和成千上万笔交易同时进行。

（3）服务推出的及时性。商家迫切需要移动电子商务系统可以在较短的时间内投入使用，开发周期一般为 60～120 天。

（4）灵活性。移动电子商务系统需要有很高的兼容性和开放性，因为消费者时常寻求新的服务和应用。此外，移动电子商务系统应该迅速且易于满足这些需求，用户应当能够自由地使用各种各样的移动设备。

（5）公认标准。由于银行业、商业和通信业已经有了自身公认的业务标准，因此移动电子商务系统应当符合这些标准以节省成本和执行时间。

（6）处理特殊事件的能力。移动电子商务要求有处理特殊事件的能力。与固定网络比较，由于 GSM 网络在跨服务区传输信号时存在硬切换，经常在处理事务时出现掉线，或者在交易进行时移动终端关闭，移动电子商务系统应该能可靠地处理这样的情况。

二、微店的运营

微店网是全球第一个云销售电子商务平台，是计算机云技术和传统电子商务相结合的变革性创新模式，颠覆了传统网商既要找货源又要顾推广的做法，把企业主从繁琐的网络推广中解放出来、个人网民也省去了找货源之苦，是继阿里巴巴、淘宝之后最先进的电子商务模式。已经有 400 万注册用户开了微店，而且正在以每天新增 60 000 家微店的速度飞速发展。

微店无成本（开微店无需资金投入，无需押金，无需装修店铺）；零库存（开微店不需要自己找货源和囤积货源）；无需处理物流（消费者在你的微店购买了产品，由厂家统一代发，无需你处理物流）；无需客服（售后服务由原厂直接负责，微店主只需做好推广）。

微店店主盈利主要来自两部分：一是推广商品，赚钱佣金：花 5 秒钟注册了微店，就拥有了一座全场优势正品的网上商城，里面的商品全部由厂家和批发商供货。你只需要把自己微店的网址通过 QQ、博客、论坛、邮件等方式发布出去，让更多的访客进入您的微店购买他们所需的商品，你就获得了推广佣金；二是介绍分销商，获得奖励：介绍别人来开微店，成为你的分销商，消费者在你分销商的微店产生了购买，你可以获得推广佣金的 30%。分销越多，你得到的奖励越多。

微店的优势源于它是移动＋社交，毋庸置疑的是移动端将是未来的发展趋势，用户移动端的第一大诉求又是社交，移动的便利性可以让人们在一天的碎片时间中也能在网上下单购买，还有就是微信因为粉丝人数的限制所以营销最重要的是维护一批忠实的粉丝。

微店是建立在微信或微博等移动平台上的网站，同时又属于电子商务范畴，因此根据微店的运营特点分为客户开发模式和微店电商运营模式。

1. 客户开发模式　微店是建立在微信及微博这些社交平台上的电子商务店铺，而这些平台最大的特点就是"粉丝经济"，谁有的粉丝越多，谁在运营过程中的效果越好。所以微店运营要想获得成功，就必须在客户开发模式上下功夫。

（1）客户探索。所有的活动都是以目标市场及目标客户为核心的。因此必须首先锁定目标客户，明确目标客户群是怎样的以及他们在哪里，把所有的营销策略聚集到最理想的客户群体中，甚至助我们的推销一步。其次要了解目标人群的核心需求是什么，如客户的梦想是什么，现实与梦想之间的营销道路就会相对通畅许多；客户的近期目标是什么；客户最大的困惑和障碍是什么；客户在使用你的产品之前，可能使用了别的产品，别的产品是什么，它的问题在哪里，最后要了解目标市场的购买能力，如果有支付能力的客户才能真正实现有效的营销，客户的消费观念、消费预算情况都显得尤为重要。

（2）抓潜。抓潜字面上理解就是抓住潜在客户。抓潜需要吸引更多的消费者上网。大部分消费者上网的原因分别是学习、娱乐和交友。通过微信或微博平台为他们提供便利，为他们答疑解惑，引导他们达到更高的追求。因此，首先要通过平台不断地提供有教育意义的、能产生帮助的、或者能够得到消费者欣赏与认可的内容，也就是我们经常所说的"有价值的内容"。

如何撰写让客户觉得有价值的内容非常重要。对于担心写作能力较弱，或者要把营销重点放在内容上感觉有些力不从心的人群，建议从以下方面入手：首先了解你的读者，这样会更容易沟通。其次要选择正确的主题，主题的选择可以从产品、行业、客户以及竞争对手进行考虑。比如给健康送生鲜电商做内容营销时，根据产品、客户、竞争对手等特点，确定内容主题为养生食谱、家常食谱、包含常识、生活小贴士、臻品推荐及会员优惠等。在撰写过程中，要确定正确的词汇，用少量文字说出更多内容，认真编辑就可以了。

最后把有价值的内容发布，最重要的是要通过目标客户或支持者的力量传播出去。

（3）成功。通过"抓潜"吸引更多的客户来关注平台后可能在相当大的一部分群体处于观望状态。需要我们进一步去巩固。首先，用独特卖点吸引潜在客户。要做到产品、服务、内容的独特性，使得客户难以抗拒。其次，让品牌与平台战略同步。无论哪一种微店形式，我们在乎的并不是每天吸引了多少新客户、增加了多少新客户，更多的是留住了多少目标客户。因此，作为商家，首先要做的就是将平台战略与品牌结合起来，确认自己的营销领域。

（4）追销。这是属于后端营销的一部分，目的是如何让新客户成为老客户进而成为忠实顾客。首先要使非活跃用户变成活跃用户。除了现有客户之外，还有一部分非常重要的非活跃用户。这些用户一直在关注着平台，但暂时没有互动，更没有购买产品和服务。这些客户也没有明确表示接受或放弃你的营销产品。如何将非活跃用户进行激活？一是通过一些互动平台，提供大家感兴趣的话题进行互动和交流，或者设置微电商，让他们直接成为你的客户。二是通过现有忠实老客户的引导与推荐，也就是所说的"微引流"。这就要做到保证产品、服务和内容的质量，同时提供一些奖励给这些"超级用户"，对这些主动愿意成为你"业务员"的客户，要像对待真正的业务员一样，源源不断地提供给他们一些奖励，以刺激他们不断努力地去推荐你的平台。

2. 微店电商运营模式　上述的客户拓展开发是基础，电商运营模式才能真正实现微店的商业价值。微店电商运营模式分以下5个步骤。

（1）搭建微店平台。在搭建微店平台时，首先要能够清楚地向目标消费者全面地展示微店的相关情况，如提供什么产品或服务，何种品牌，产品或服务的具体特点是什么，以什么样的方式进行销售等。同时提供一系列信任方式的方式方法；其次，在设计平台的时候要遵循一个原则：良好的用户体验。对移动电商进行视觉设计、方案撰写和前端代码编写等，提高移动电商平台的交互性。对移动电商进行测试，测试过程中的问题进行设计修改。

（2）微店运营模式的重要因素。一是产品和品牌，这是营销的根本所在。二是消费人群。总的来说，目标人群越年轻、越时尚，进行微店运营越正确。三是通过内容引流、价值引流、广告传播等方式进行微引流，让目标客户能快捷方便地找到你的微店平台。

（3）成交。尽管消费者购买产品的过程只有短短的几分钟甚至几秒钟，但这一购买举动却包含了很多内容。消费者购买产品的流程一般分为 6 个阶段：产生需求、初选、评估、购买、购买后体验、购后行为。

（4）激活。研究客户的消费行为，激活客户重新购买。

（5）铁杆粉丝部落。经过上面一系列的工作之后，你的粉丝开始慢慢变成你的铁杆粉丝、你的忠实客户。那么如何去维护铁杆粉丝呢，最核心的就是影响力。通过了解目标人群，以最便捷的速度找到他们所需要的产品或服务。建立权威信息平台对于企业来说也起着非常重要的作用。最后，提升铁杆粉丝对平台的喜好。给铁杆粉丝一个喜欢你的理由，多和粉丝互动沟通，另外，要想建立信任，说到做到，承诺与行为一致。

【案例】农家乐在全国各地已盛行多年，但近年来农家乐遍地开花，存在互相模仿、形式单一、缺少创新等问题。而大渡口跳磴镇石盘村 71 岁的李世相却把农家乐与微信连接在一起，做起了名副其实的互联网＋农家乐模式。

在儿子的提醒和指导下，李世相在葡萄成熟前一个月就在网上发布了采摘团购葡萄的信息。记不住电脑操作方法就转为手机操作，并在微信上开了一家微店，实行网上预售。从开园到销售完毕仅仅用了三周时间，销售量超过 1 万千克。

资料改编自：http：//www. qyt. com/news33657381

任务四　O2O营销

一、O2O电子商务模式概念、特点及功能

O2O线上线下电子商务模式（Online to Offline），又称离线商务模式，是指线上营销、线上购买带动线下经营和线下消费。O2O通过打折、提供信息、服务预订等方式，把线下商店的消息推送给

互联网用户，从而将他们转换为自己的线下客户，这就特别适合必须到店消费的商品和服务，比如餐饮、健身、看电影和演出、美容美发等。国内经典网络公司：如 58 同城、拉手团购等都是 O2O 模式的先驱。

O2O 模式对用户而言能使其获取更丰富、全面的商家及其服务的内容信息；更加便捷地获得哪个商家在线并进行预售的信息；能获得相比线下直接消费较为便宜的价格。

对商家而言能够获得更多的宣传、展示机会，吸引更多新客户到店消费；推广效果可查、每笔交易可跟踪；掌握用户数据，大大提升对老客户的维护与营销效果；通过用户的沟通、释疑，更好地了解用户心理；通过在线有效预订等方式，合理安排经营，节约成本；对拉动新品、新店的消费更加快捷；降低线下实体对黄金地段旺铺的依赖，大大减少租金支出。

对 O2O 平台本身而言与用户日常生活息息相关，并能给用户带来便捷、优惠、消费保障等，能吸引大量高黏性用户；对商家有强大的推广作用及其可衡量的推广效果，可吸引大量线下生活服务商家加入；数倍于 C2C、B2C 的现金流；巨大的广告收入空间及形成规模后更多的盈利模式。

从表面上看，O2O 的关键似乎是网络上的信息发布，因为只有互联网才能把商家信息传播得更快、更远、更广，可以瞬间聚集强大的消费能力。但实际上，O2O 的核心在于在线支付，一旦没有在线支付功能，O2O 中的 online 不过是替他人做嫁衣罢了。就以团购而言，如果没有能力提供在线支付，仅凭网购后的自家统计结果去和商家要钱，结果双方无法就实际购买的人数达成精确的统一而陷入纠纷。在线支付不仅是支付本身的完成、是某次消费得以最终形成的唯一标志，更是消费数据唯一可靠的考核标准。尤其是对提供 online 服务的互联网专业公司，只有用户在线上完成支付，自身才可能从中获得效益，从而把准确的消费需求信息传递给 offline 的商业伙伴。无论 B2C，还是 C2C，均是在实现消费者能够在线支付后，才形成了完整的商业形态。而在以提供服务性消费为主，且不以广告收入为盈利模式的 O2O 中，在线支付更是举足轻重。

创新工场 CEO 李开复在提及 O2O 模式时指出，"你如果不知道 O2O，至少知道团购，但团购只是冰山一角，只是第一步。"眼下仍旧风靡的团购，便是让消费者在线支付购买线下的商品和服务，再到线下去享受服务。然而，团购其实只是 O2O 模式中的初级商业方法，二者区别在于，O2O 是网上商城，而团购是低折扣的临时性促销，对于商家来说，团购这种营销方法没有可持续性，很难变成长期的经营方法。不过，也正是团购的如火如荼，才拉开了 O2O 商业模式的序幕。

二、农产品电子商务 O2O

不少涉农电商仍然抱着传统的 B2C、C2C 思维，认为通过导流量，客户就会到线上购物了。但农业电商的客户购买的不仅是产品，更是健康生活。因此，农产品电商需要向消费者从商品背后的故事、种植基地、采摘体验、物流体验、可追溯、供应链可视化等维度全程展现。在这个基础上，传统的 B2C、C2C 思维是"致命伤"。虽然 O2O 模式与 B2C、C2C 一样，均是在线支付，但不同的是，通过 B2C、C2C 购买的商品是被装箱快递至消费者手中，而 O2O 则是消费者在线上购买商品与服务后，需去线下享受服务。这是支付模式和为店主创造客流量的一种结合，对消费者来说，也是一种新的"发现"机制。

大众化农产品的流通要解决 3 个问题：首先是"起始 1 公里"问题，在此过程中会出现多级批发和物流等环节，要考虑怎么绕过这些环节；其次是"最后 1 公里"问题，这就需要有涵盖上游和下游的农业企业，这个企业已经拥有稳定的上游供货，并且建好了下游消费渠道，同时还要拥有自己的配送能力，尤其是冷链物流能力。最后，考虑加入电商的合作形态，在线上实现同一地区更大的辐射，在线下进行配送，更好地解决"最后 1 公里"问题。

实现线上虚拟经济与线下实体经济的融合具有广阔的市场空

间。O2O的核心是将线上线下深度结合，利用互联网庞大的信息量优势拓展线下业务。中团网副总裁刘新成曾表示："门店实体店不会消失，网络不可能取代实体店"。无论时代如何变化，实体店的形式不断改变，从最开始的普通小摊、门店、旗舰店到现在的体验店，模式在不断变更，消费者享受的服务越来越丰富，但实体店始终是作为消费者购物的最重要终端。而O2O就是将网上丰富的信息带入线下的方式。O2O模式的战略构思是将一部分大众化农产品的配送业务切割出去，与本地农业企业实现"最后1公里"合作，电商只负责招揽客户，划分配送区域，而备货和配送都由合作企业实现。

三、如何开展O2O

1. 搭建平台　无论电子商务还是实体销售，平台搭建是运营的第一步，而对于O2O运营来说，既然它是线上线下的融合，那么O2O的平台也应分为线上平台和线下平台两部分。如线上平台，包括淘宝/天猫、微店商城、论坛线下实体渠道等，线下平台包括了农场、农家乐等。

2. 全面推广　根据上面设计的渠道平台，将目标客户群体引流到我们的平台上来，然后进行激活。"推广引流"的问题本质上是平台推广的问题，通过对目标群体调研，进行线上网站推广和线下媒体推广、线下活动推广。

【案例】智能菜柜社区是生鲜电商发展的一种新模式。在物管楼或社区设置智能菜柜和ATM机，小区（社区）居民可在ATM浏览生鲜电商网站并下单购买。生鲜电商接单后，按订购信息采收蔬菜等生鲜产品，并立即配送，在当日做晚饭前投递到居民所在小区物管楼的菜柜里。居民可在下班或下楼散步时到菜柜取菜。居民也可以选择在家里电脑上或随时在手机上下单。

智能菜柜的结构更像是一个小电冰箱，具有制冷、保鲜功能，不必担心购买的生鲜产品短期内变质。每个会员的每次交易都对应一个菜柜，不必担心他人拿错。基本操作流程如下。首先，客户已提前登陆手机 APP，下单购买了蔬菜、鲜肉、海鲜等菜品，并选择了具体的配送时间。然后可选择网上付款或货到付款，确认提交后，电商后台的配送部门接到平台的配货信息。配送部门立即配货，并送货到社区的智能菜柜。客户会收到短信，内容为货物到柜信息和取货密码等。接下来客户就可以凭短信密码开柜取货了。

考虑到相当一部分家庭为老年人买菜做饭，而老年人一般不会上网购物，智能菜柜专门增加了自助功能。自助功能不需上网，不需网银，不需要操作 APP。在智能菜柜旁有两个自助购菜冰柜，里边放有当天的新鲜蔬菜，透过玻璃门就可以看到透明包装的蔬菜，每个包装可供 2～3 人食用。只需按下相应的按钮后投币，然后出货口取菜，就完成一次购菜。这种类似自动贩卖机的售菜机也是智能菜柜一种，更多功能还在设计开发中。

为防止菜不新鲜，供应商送货的数量会略多于订购数量，特别是容易损耗的蔬菜，配送量略多于订购量，既不缺斤少两，也不会因为损耗使客户利益受损。如发现质量问题，居民还可以联系售后维权，可退货换货。

资料改编自：http：//www.wccdaily.com.cn/shtml/hxdsb/20160329/326106.shtml

【思考与练习题】

1. 如何进行微信营销？

2. 微店电商运营模式是怎样的？如何进行微店电商运营？

3. 如何开展 O2O？

模块十　农产品电子商务物流

【引例】阿里巴巴集团是我国当之无愧的电商巨头，与京东、当当、苏宁等电商最主要的不同之处在于阿里巴巴没有建立自己的物流体系。但阿里巴巴从来没有放弃发展物流，因为物流与电子商务之间关系密切，相互影响制约。阿里巴巴集团从 2014 年开始，先后与德邦物流、佳吉快运、星晨急便等物流公司通过各种方式合作，标志着阿里巴巴已经涉足物流行业。

物流问题曾经困扰过阿里巴巴董事局主席马云。马云也曾要打造自己的物流生态系统，但他发现自身发展物流的优势不大，与大物流公司合作是上策。2006 年阿里巴巴开始尝试结盟物流伙伴，与中国邮政共同签订电子商务战略合作框架协议。中国邮政创造性地推出了专门针对淘宝用户的经济型 EMS，就是淘宝买家熟悉的易邮宝。

来自淘宝网的数据显示，75％的交易商品需要投递。由于阿里巴巴不直接提供物流服务，平台上的卖家只能自行选择物流公司，因此，阿里巴巴既不能保证物流质量，又难以避免与物流企业之间的利益冲突。而且京东商城、当当网等国内大型电子商务平台都在自建物流体系，面对竞争对手在物流配送体系方面的不断完善所带来的压力，阿里巴巴选择了入股苏宁，两者全面合作。苏宁的物流配送体系将为淘宝、天猫和消费者服务。

资料改编自：http：//www.examw.com/wuliu/anli/179312/

任务一　认识电子商务物流

一、电子商务物流的概念

1. 概念　电子商务物流就是在电子商务的条件下依靠计算机

技术、互联网技术、电子商务技术以及信息技术等所进行的物流活动。

2. 电子商务物流的特征

（1）物流信息化。物流信息化既是电子商务的必然要求，也是物流现代化的基础。没有信息化，任何先进的技术设备都不可能应用于物流领域。物流信息化具体表现为物流信息的商品化、物流信息收集的数据库化和代码化、物流信息处理的电子化和计算机化、物流信息传递的标准化和实时化、物流信息存储的数字化等。在物流信息化过程中，涉及许多信息技术的应用。

（2）物流自动化。物流自动化以信息化为基础，以机电一体化为核心，以无人化为外在表现，以扩大物流作业能力、提高劳动生产率、减少物流作业差错和省力化为其效果的最终体现。物流自动化设施非常多，如条码/语音视频自动识别系统、自动分拣系统、自动存取系统、自动导引车、货物自动跟踪系统等。这些设施在发达国家已普遍用于物流作业流程中，而在我国由于物流业起步晚、发展水平低，自动化技术的普及还需要相当长的时间。

（3）物流网络化。物流网络化已成为电子商务下物流活动的重要特征之一，同时，互联网的发展及网络技术的普及也为物流网络化提供了良好的外部环境。物流网络化包括两层含义：一是物流配送系统的计算机通信网络，借助于增殖网上的电子订货系统和电子数据交换技术来自动实现配送中心与供应商和下游顾客之间的通信联系；二是组织的网络化，即利用内部网采取外包的形式组织生产，再由统一的物流配送中心将商品迅速发给顾客，这一过程离不开高效的物流网络支持。

（4）物流智能化。物流智能化作为自动化、信息化的一种高层次应用，物流作业中运筹和决策（库存水平的确定、运输路径的选择、自动分拣机的运行等）都需要借助于大量的专业知识才能解决，物流智能化已成为物流电子商务发展的一个新趋势。

（5）物流柔性化。柔性化本来是为实现"以顾客为中心"的理念而在生产领域提出的，但要真正做到柔性化，即能真正地根据消费者的需求变化来灵活调节生产工艺，没有配套的柔性化物流系统是不可能达到目的的。柔性化物流是配合生产领域中的柔性制造而提出的一种新型物流模式。物流柔性化对配送中心的要求就是根据多品种、小批量、多批改、短周期的全新消费需求，灵活有效地组织和实施物流作业。

二、电子商务物流流程

电子商务的优势之一就是能简化业务流程，降低企业运作成本。而电子商务下企业成本优势的建立和保持必须以可靠和高效的物流运作为保证，这也是现代企业在竞争中取胜的关键。

1. 普通商务物流 在普通商务物流流程中，物流作业流程与商流、信息流和资金流作业流程综合在一起，更多地围绕企业的价值链，以实现价值增值为目的安排每一个配送细节。物流活动从进货开始，货物进入仓库，经过来货加工、包装、装卸搬运、配送，凭订单信息和出货指示，货物进入商场等零售场所，最后货物到达消费者手中。其中采购环节含采购物流管理，商场等零售环节含销售物流管理。

2. 电子商务物流流程 电子商务的发展及其对配送服务体系的配套要求，极大地推动了物流的发展。与普通商务流程相比，电子商务物流流程在企业内部的微观物流流程上是相同的，都具有从进货到配送的物流体系，只是电子商务物流更加要求宏观的配送体系能直接与消费者连接起来，从而花费更大的代价进行物流管理，合理地规划配送路线，合理地调度配送日程，合理地利用配送资源。

完整的电子商务物流流程相当复杂，包括了进货物流和销货物流。对大部分中小电商而言，电子商务销售端物流更为常用，图10-1显示了电子商务销售端物流流程。

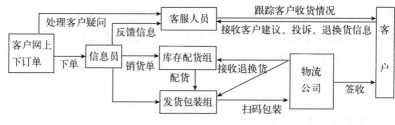

图 10 - 1　电子商务销售端物流流程

三、物流在电子商务中的地位与作用

物流在电子商务中的地位主要表现在以下几个方面。

1. 物流是电子商务的基本要素之一　电子商务系统由电子商务实体、电子市场、交易事务和商流、物流、信息流及资金流等基本要素构成。电子商务的任何一笔交易都由商流、物流、信息流和资金流 4 个基本部分组成。在电子商务系统运行过程中，强调商流、信息流、资金流和物流的整合，四者缺一不可。其中信息流十分重要，它在一个更高的位置上实现了对流通过程的监控。但是缺少物流，信息流也会失去作用。

（1）"四流"构成流通体系。人们提到物流的话题时，常与商流、信息流和资金流联系在一起，这是因为这"四流"构成了一个完整的流通过程。将商流、物流、信息流和资金流作为一个整体来考虑和对待，会产生更大的能量，创造更大的经济效益。商流是指商品在购、销之间进行的交易和商品所有权转移的运动过程，具体是指商品交易的一系列活动。物流是指交易商品或服务等物质实体的流动过程，具体包括商品的运输、储存、装卸、保管、流通加工、配送、物流信息管理等各种活动。信息流是指商品信息、促销行销、技术支持、售后服务等内容，也包括询价单、报价单、付款通知单、转账通知单等商业贸易单证以及交易方的支付能力和信誉。资金流主要是指交易资金的转移过程，包括付款、转账等。

（2）"四流"互为依存，密不可分，相互作用。它们既有其独立存在的一面，又有互动的一面。通过商流活动发生商品所有权的转移，商流是物流、资金流和信息流的起点，也可以说是后"三流"的前提，一般情况下，没有商流就不太可能发生物流、资金流和信息流。反过来，没有物流、资金流和信息流的匹配和支撑，商流也不可能达到目的。同时，商流、物流、信息流、资金流各有其独立存在的意义，并各有自身的运行规律，"四流"是一个相互联系、互相伴随、共同支撑流通活动的整体。

在电子商务中，交易的无形商品如各种电子出版物、信息咨询服务以及有价信息软件等可以直接通过网络传输的方式进行配送，而对于大多数有形的商品和服务来说，物流仍然要由物理的方式进行传输。电子商务环境下的物流，通过机械化和自动化工具的应用和准确、及时的物流信息对物流过程的监控，将加快物流速度、提高准确率，能有效地减少库存，缩短生产周期。在电子商务的概念模型中，强调信息流、商流、资金流和物流的整合，而信息流作为连接的纽带贯穿电子商务交易的整个过程，起着串联和监控的作用。事实上，随着互联网技术和电子银行的发展，前"三流"的电子化和网络化已可以通过信息技术和通信网络来实现了。而物流作为四流中最为特殊和必不可少的一种，其过程的逐步完善还需要经历一个较长的时期。

2. 物流是电子商务流程的重要环节　无论哪一种模式的电子商务交易流程都可以归纳为以下 6 个步骤。

① 在网上寻找产品或服务的信息，发现需要的信息。

② 对找到的各种信息进行各方面的比较。

③ 交易双方就交易的商品价格、交货方式和时间等进行洽谈。

④ 买方下订单、付款并得到卖方的确认信息。

⑤ 买卖双方完成商品的发货、仓储、运输、加工、配送、收货等活动。

⑥ 卖方对客户的售后服务和技术支持。

在上述步骤中，"商品的发货、仓储、运输、加工、配送、收货"实际上是电子商务中物流的过程，这一过程是实现电子商务的重要环节和基本保证。

物流对电子商务的发展起着十分重要的作用，应大力发展现代物流，通过重新构筑或再造现代物流体系来推广电子商务。现代物流的发展有利于扩大电子商务的市场范围，协调电子商务的市场目标；物流技术的研究和应用有利于实现基于电子商务的供应链集成，提高电子商务的效率与效益，使电子商务成为最具竞争力的商务形式。

【案例】目前，我国电商物流服务提供方主要包括苏宁、京东等电商平台自建物流，EMS、顺丰、"通达系"等快递送公司，如风达等落地配送公司，以及人人快递等众包企业。我国电商物流发展总体状况可概括为以下 3 个方面。

一、物流业整体处于中高速发展

中国物流与采购联合会 2015 年 5 月发布的《中国物流发展报告 2014—2015》（以下简称"报告"）显示，我国物流业面对复杂多变的市场形势正在积极调整，加快转型升级，主动适应经济发展新常态，较好地发挥了基础性、战略性作用。我国物流需求增速近年有所回落，去年全年仍呈现稳中趋缓的发展态势，但仍处于中高速增长区间。

二、消费品物流增长迅速

2014 年我国钢铁、煤炭、水泥等大宗生产资料物流需求进一步放缓。工业品物流总额为 196.9 万亿元，按可比价增长 8.3%，同比回落 1.4 个百分点。但电商物流、冷链物流等消费品需求保持快速增长，促使单位与居民物品物流总额同比增长 32.9%。以服务电商为主的快递业保持快速增长，全年业务量达 139.6 亿件，同比增长 51.9%。

三、快递业高速发展

快递是电商物流的主要表现形式。统计数据显示，全国快递业务中有 80% 来自于电子商务业务。根据国家邮政局统计数据显示，近年来我国快递业务量增幅一直保持着超过 50% 的增长势头。在电子商务高速增长下，快递业务发展迅猛。

资料来源：北京商报网 http：//www.bbtnews.com.cn/2015/1029/125138.shtml

任务二　电子商务下的农产品物流

一、农产品电子商务物流概念

农产品电子商务物流是指涉农企业运用电子商务技术，对农产品的生产、加工、运输、仓储、配送等物流环节进行合理地调配和系统地整合，实现各环节的协同运作，提升物流的信息化水平，最终达到提高农产品物流信息和实体商品传输效率的目的。

从本质上说，农产品电子商务物流就是电子商务在农产品物流上的应用，电子商务是作用的手段，农产品物流是作用的对象。它的研究重点在于电子商务技术在农产品物流中的应用情况，以及由此衍生出的新型电子商务物流模式。

二、农产品电子商务物流的发展优势

我国农产品物流目前主要是以批发市场和集市贸易为主的交易方式，这种落后的交易方式使得我国农产品物流的发展无法形成规模效益，交易成本居高不下，交易效率低下，交易信息不畅严重影响了农产品物流的效率。近几年来电子商务发展异常迅猛，给农产品物流的发展带来了新的动力并提供了新的思路。

电子商务平台把农产品生产者、供应商、经销商、零售终端、生产企业、消费者连接起来，达到了资源共享、信息共用的目的，而且使产、供、销一体化运作，减少了中间环节，各环节之间实现无缝衔接，使农产品供应链结构得到了优化。

1. 突破了时空限制，加快了农产品流通　电子商务的特点决定了只要网络触及的地方，就可能成为农产品的需求市场，利用网络的无界性扩大了市场范围。广大农户以及农产品加工企业也可以利用网络在第一时间内寻找到合适的贸易伙伴，通过网络等现代通信工具进行交谈，缩短谈判、交易周期，加快农产品流通。

2. 外部有利的发展环境支撑　如今，互联网上的农业信息四通八达、应有尽有，网上经营的品种包括粮食、化肥、饲料、家禽、农药、花卉、园林、水产品、茶叶、鲜果等。服务方式也从初期免费的供求信息发布发展到网上推介、网上订单等多元化方式。网上在线文字、语音、视频谈生意也已成为现实。

3. 农产品物流利益主体的自我信息需求驱动　在电子商务环境下，农产品物流供应链借助互联网实现了一体化，农民与零售商、消费者通过 Internet 连在了一起，通过网络可以准确地掌握农产品需求信息，农民的生产和销售不再是盲目进行，而是根据市场行情确定生产和销售，对农产品的物流也顺应"拉动式"发展，并让农产品有序流动。

4. 减少了农产品物流的中间流通环节，降低了农产品物流成本　从目前来看，农产品物流环节较多，农产品从生产者手中到消费者手里要经过多层分销商，流程很长，影响了物流的效率和效益。而电子商务平台实现了各方信息的整合，农产品生产者、供应商和分销商可以根据消费者需求，结合第三方物流公司提供的物流服务信息，合理安排农产品物流，通过一站式托运降低因农产品物流中间环节过多带来的损耗。

5. 有效保证了农产品质量　个性化需求得到了满足，在电子商务环境下，消费者将绕过那些批发商或零售商而直接成为物流企业的顾客，而且人们的消费方式也会发生变化，多样化、个性化消费将成为主流。这就要求农产品物流企业改变过去的运输方式，实行少批量、多批次运输，而且要改过去的单运为联合运输，以满足个性化需求。

6. 拓宽农产品销售渠道　通过建立电子商务网上交易平台，实现了产业化带动下的农产品流通的规模化、组织化。这一方面使交易双方处于信息对等的地位，另一方面提供了一种全新的农产品销售方式，让供求双方可以直接进行交易，降低了交易成本。有利于带动与农产品销售相关的第三产业和服务业的发展，加快农业产业化的进程。

将电子商务平台应用在农产品物流领域实现了商流与物流的完全分离，有利于农民通过电子商务平台创造价值。发展农产品信息化、自动化、现代化的新型物流配送业，是我国发展和完善电子商务服务的一项重要内容，势在必行。

任务三　农产品电子商务物流模式

农产品电子商务物流模式是指在电子商务环境中，涉农企业为了完成从农产品的生产到销售等一系列的物流活动而采取的基本战略和运作方式。

根据物流的层次划分，可分为农产品企业物流和农产品供应链物流。按照物流的经营者划分，农产品企业物流又可划分为自营物流、物流联盟和第三方物流等。

一、农产品电子商务物流模式

1. 根据农产品电子商务物流的经营者进行划分

（1）农产品企业自营物流。农产品企业自营物流是指涉农企业通过投资建设或租借农产品的仓储设备、运输工具等物流基础设施的方式，亲自从事本企业的农产品物流活动。与传统的自营物流不同，电子商务下的农产品企业凭借电子商务的先进经验和优势，广泛采用网络平台、电子数据交换、有效客户反应、准时化生产、快速反应等信息化和智能化的物流管理系统自营物流。

农产品自营物流的优势在于企业对物流运作过程可以进行有效控制，对市场变化能够做出灵活、快速的反应。劣势则是对物流系统的一次性投资较大，占用资金较多，同时对企业的物流管理能力要求较高。目前，采取这种模式的农业电子商务企业主要由实力雄厚的传统农产品公司发展而来。例如，创建于 2001 年的深圳市农产品股份有限公司旗下的中农网作为农业电子商务的领头军，为 8 000 多家会员企业提供了网上农产品交易平台，每年网上成交额达几亿元。支撑中农网快速发展的是其母公司深圳农产品公司庞大的物流网络，该物流网络覆盖了深港两地乃至泛珠三角地区，是华南地区规模最大、功能最完善、设施最齐全的农产品现代化物流中心。

（2）农产品企业物流联盟。农产品企业物流联盟是指两个或多个涉农企业之间，为了实现自己的物流战略目标，通过各种协议、契约而结成的优势互补、风险共担、利益共享的松散型网络组织。对于开展电子商务的农业企业而言，物流联盟能够较好地满足它们跨地区配送及对时效性要求高的特点，帮助它们减少物流投资、降低物流成本、获得管理技巧、提高客户服务水平、取得竞争优势。

（3）农产品企业第三方物流。电子商务下的农产品第三方物流是指在电子商务环境中，由农产品物流供求方以外的独立第三方运用现代信息技术完成农产品的运输、仓储、流通加工、配送等一系列物流活动的信息化、网络化运作过程。农产品的第三方物流与电子商务是相辅相成、相互促进的。第三方物流为农业电子商务提供了小批量、多批次的物流服务，确保电子商务以市场需求为导向的柔性化经营方式得以顺利实现。

（4）农产品供应链物流。近年来，农产品供应链物流管理的理论已广泛接受，但它在实践中的应用却依赖于电子商务技术的发展。可以说，电子商务技术实现了农产品供应链物流管理从理论到实践的突破，使之成为农产品物流发展的重要模式。根据我国农产品流通渠道的特点，农产品电子供应链物流模式可以分为两种：以生产加工企业为核心的电子供应链物流模式和以批发连锁为核心的电子供应链物流模式。以生产加工企业为核心的电子供应链物流模式中，生产企业占主导地位，由它建立贯穿整条产业链的电子供应链物流系统，带动上下游各环节进行信息流和物流的适度协调及整体运作，提高农产品运转效率；以批发连锁为核心的电子供应链物流系统中，批发市场或连锁商店处于中心位置。批发市场采用先进的信息技术代替传统的手工交易，搭建电子化交易平台，配备完善的物流设施成为连接生产、加工和零售的核心环节。大型连锁企业通过建立完善的 EDI 和 POS 系统，引入物流管理系统，组建自己的配送中心，并直接向批发商或生产者等上游环节延伸，形成生鲜农产品加工配送一条龙运作。

2. 根据农产品电子商务物流的交易对象划分

（1）BtoB 模式。BtoB 模式是目前农产品网上流通的主要模式，是指农产品的供给企业和求购企业借助于网络完成农产品交易相关的所有环节，是一种涉农企业间的电子商务模式。B 即当地的农业生产企业或专门从事农产品销售的企业。由于自身有较强的规模优势和品牌实力，通过自建农产品网站，进行搜索引擎注册推广网站，也可以在大型第三方中介平台注册成为会员，如阿里巴巴，由第三方为其推广，从而可以实现在线搜索农产品需求信息、报价、洽谈、合同签订、资金转移、选择物流供应商、结算等事宜。

为了保证网上交易的安全，交易双方向认证中心申请证书，由中心确认各自身份，在交易当中双方在网上互相验证身份，并用密钥加密信息，保证商业信息的机密性和安全性。资金结算上，双方开通企业网上银行，直接在网上转账即可。这种模式的典型代表是黑龙江中米网络科技有限公司所建立的中国大米网，中国大米网是中国米业第一门户网站，主要提供市场行情、供求信息、科技信息、策划营销、业内动态、名企名家、米业包装信息、网上短信等服务。

（2）PtoCtoB 模式。P 为个体农户；C 即 Cooperative，可以是农业协会、合作社；B 为农产品销售、流通和加工企业，也可以是像沃尔玛、华联、家乐福这样的大型超市等。对于分散的单个农户经营现状，如果要争取平等的经济地位就需要形成一个整体，有组织、有策略地开展农产品销售，而各类农业合作社能有效地承担这个角色。

在生产环节，合作社根据市场需求组织农户统一进行生产，有时合作社接受客户的订单，并根据订单安排生产，提供技术支持，注重高质高效，尤其是近些年生态农业及其产品大受欢迎。单个生产较难控制农药用量和时机，有组织、有指导的生产使生态农业变成现实。

在销售环节，合作社以整体的身份对外和农产品需求企业在网上进行洽谈、签订购销合同等。有一定经济能力和技术基础的合作社可以自建网站，以有特色的农产品为招牌吸引客户。同时通过在中介平台上发布供给信息，查询需求信息，网上进行洽谈，甚至直接出口农产品。

在物流环节，由合作社负责按照质量要求将农产品分拣、包装好，然后在网上寻找第三方物流公司完成送货服务。在支付环节，合作社可在县城的银行开立账户并开通网上银行，每次交易后的货款由买方直接网上转账。

合作社在此模式中发挥重要的作用，现实农产品销售中也出现了很多成功案例。在这种模式下需要充分发挥专业合作社的组织功能，以特色农产品为纽带，推动本地农业电子商务的发展。如安徽砀山梨园，它自建电子商务网站，并有中英文两个版本，网站有大量丰富的产品介绍并配有图片，生动形象。同时，公司还在农业信息网等中介平台发布广告信息，取得了不错的效果。

（3）PtoGtoB 模式。在这种模式下，中央及地方各级政府部门结合农民实际需求，建立了一批针对农副产品种植和养殖、产品销售和供求信息、人才培训和外出务工、网上农产品交易会等内容的涉农网站，如江西的"信息田园"、四川的"天府信息"、福建的"数字福建"、陕西的"电子农务"等。由于政府有较强的公信力，不论是农户端还是企业端都会信任政府的中介作用。有些地方出现了由政府把订单接来，然后安排农户有组织地进行生产，"订单农业"效果很好。此外，政府部门工作人员科技水平较高，能较好地进行网上操作。

（4）BtoC 模式。BtoC 模式是指农产品供应商和消费者借助于网络完成农产品交易相关的所有环节。它实现各类农产品供应企业和消费者的直接对接，使交易的时间空间得到不同程度的缩短，进而实现交易成本的降低。随着人们生活水平的改善和包装运输标准的提高，人们将会逐步扩大网上购物的比例，相信将来这种模式会有很大的发展。目前这种模式主要包括两种形式，一是农产品销售的综合性网上超市，二是专门的农产品网上商店，如中国伊春农产品网上大市场、肇东农产品大市场等。

（5）CtoC 模式。CtoC 模式是消费者与消费者之间借助于网络电子商务展开的交易模式。在农产品流通领域是指单个农户与消费者之间通过网络进行的农产品交易。其特点是农户利用专业网站提供大型电子商务平台，在网上开店销售自己的农产品。目前，在淘宝网、易趣网、拍拍网上都有专门的农产品登录网站。目前，在 CtoC 网站上销售最多的是各地的特色农产品，如茶叶、干果等。

（6）BtoB＋C 模式。即涉农企业对企业与消费者的电子商务模式。主要是指涉农企业对企业和农户进行的农产品或农业生产资料的电子商务模式。如北大荒农产品农资电子商务交易平台专门从事农产品和农业生产资料的网上销售服务；再如北大荒粮食交易电子市场网通过电子订单交易、电子现货交易、电子竞买交易等多种交易方式和按期交收、提前交收、协议交收等多种交收方式，最大限度地满足交易商的个性化要求。

（7）CtoB 模式。CtoB 模式是消费者与企业之间通过网络进行交易的模式。农户通过一些能为其提供农产品网上销售的网站发布其销售信息，吸引一些企业与其进行网上交易。由于单个农户通过网络供应的农产品数量有限，当前农村地区的物流配送体系还不健全，而这种模式仅是雏形，只有极少数的成功案例。

（8）第三方交易市场模式。该模式是由农产品中介机构建立的电子交易市场，它主要服务于那些打算把网络营销交给第三方的农产品企业和农户。

二、农产品电子商务物流模式选择

1. 第三方物流选择 第三方物流配送主要是农户、农产品基地、供销社把自己需要完成的配送业务依托专业的第三方物流公司来完成的物流运作模式。第三方物流使用第三方配送，农产品的配送渠道环节较少。相对于其他的配送模式，第三方配送在配送损耗、食品质量、管理成本方等都有很大的优势；能灵活运用新技术，实现以信息交换库存，从而降低成本。专业的物流配送中心能不断地更新信息技术和设施，能以快速、更具成本优势的方式满足这些需求；能提供灵活多样的顾客服务，为顾客创造更多的价值。第三方物流配送中心利用专业的库存管理、科学优化的配送、流通加工，为顾客带来更多的附加价值，使顾客满意度提高。

以第三方物流为核心来建立农产品物流的供应链中也存在一些问题。如：农户与市场的脱节，如果信息在第三方物流企业与农户的传递过程中失真，就使得农户的生产调整不能适应市场需求；有时可能会出现连带经营风险，如果第三方是基于合同的比较长期的合作关系，自身经营不善则可能会影响使用方的经营，要解除合同关系又会产生很高的成本。

2. 非第三方物流选择　非第三方物流模式有多种，其共同之处在于农产品生产、经营或加工者要组建或参与组建农产品电商物流系统，在供应链整合中，供应链管理的主要任务交给了农产品企业，有可能使农产品生产经营或加工企业的管理成本提高、风险增加。如果不能有效地进行科学管理，很容易造成规模不经济。对于资金实力强大，管理水平高超的农产品生产经营者来说，非第三方物流的优点成为主要方面。

【案例】

淘宝网：2004 年上线，其物流配送方式是第三方物流＋指定快递，2015 年与苏宁合作，借助苏宁原有自营物流开始两条腿走路。

天猫网：2012 年上线，其物流配送方式是菜鸟网络、"干线（冷链或航空）＋落地配"两段式配送服务实现全程控温，实质是物流联盟。

聚划算：2012 年上线，其团购相配套的物配模式是良无限物流，可看作第三方物流，但因聚划算和良无限都是阿里巴巴旗下企业，所以又不是完全的第三方物流。

京东商城：2004 年开办，2013 年上线生鲜农产品，完全自营物流，其物配模式是上门自提；211 限时达；次日达；2015 年推出两小时送达。

我买网：2009 年上线，其物配模式是自建十第三方物配，即自建配送、顺丰速配两种配送方式。

一号店：2008 年上线，自营物流，其经营品类包括蔬果、日用品、其他混合经营，生鲜仅是其中的一个品类，其物配模式有慢送返利；准时达；定日达。

沱沱工社：2008 年上线，自营全程冷链配送有机食品（农产品）。

顺丰优选：2012 年上线，自建物流，全程冷链（智能温控、冷箱护送）、产地直供，主要经营高档生鲜产品。

资料改编自：中商情报网，2015 年中国农产品电商物流模式分析

【思考与练习题】

1. 电子商务物流的流程是怎样的？

2. 物流在电子商务中发挥着哪些作用？

3. 农产品电子商务物流有哪几种模式？农产品电子商务企业应该怎样选择物流的模式？

参考文献 REFERENCE

陈国胜 . 2013. 农产品营销 [M]. 北京：清华大学出版社 .

陈国胜 . 2010. 农产品营销 [M]. 北京：清华大学出版社 .

丁鸿 . 2010. 农产品营销 . [M]. 北京：中国农业出版社 .

菲利普·科特勒，加里·阿姆斯特朗 . 2015. 市场营销（第 16 版）[M]. 北京：中国人民大学出版社 .

冯健刚 . 2006. 山东省农产品电子商务技术平台的研究与开发应用 [J]. 农业网络信息，(6)：73 - 79.

郭国庆，孙乃娟、杨学成 . 2013. 市场营销学概论（第二版）[M]. 北京：高等教育出版社 .

海天理财 . 2015. 一本书读懂微信公众营销 [M]. 北京：清华大学出版社 .

何伟威 . 2011. 农产品市场营销知识读本 [M]. 北京：中国农业科学技术出版社 .

洪文，何迅 . 2014. 农产品电商物流在创新中发展 [N]. 中华合作时报，04 - 08.

金莹 . 2014. 我国农产品国际营销策略研究 [J]. 价格月刊，8：55 - 57.

李成钢 . 2015. 创新为"网"电子商务模式创新研究 [M]. 北京：经济日报出版社 .

李崇光 . 2004. 农产品营销学 [M]. 北京：高等教育出版社 .

李季胜，李志荣 . 2005. 农产品营销理论与实务 [M]. 北京：中国农业大学出版社 .

林素娟 . 2011. 农产品营销新思维 [M]. 大连：东北财经大学出版社 .

刘徽 . 2015. 移动互联网营销宝典 [M]. 北京：电子工业出版社 .

刘健 . 2010. 禽产品市场营销 [M]. 郑州：中原农民出版社 .

尚爱英，陈肖 . 2013. 浅析我国农产品国际营销的困境及应对策略 [J]. 11：65 - 67.